Dictionnaire Pratique de l'Entrepreneur

Olivier Sabot

Avant-Propos

L'entrepreneuriat est un voyage passionnant, jalonné de défis, de réussites, d'apprentissages et de découvertes constantes. C'est un monde en constante évolution, où chaque journée apporte son lot de décisions à prendre, de stratégies à élaborer et de compétences à développer. Dans ce voyage, l'information est l'une de vos meilleures alliées, et c'est précisément ce que j'ai cherché à vous offrir avec ce Dictionnaire Pratique de l'Entrepreneur.

Que vous soyez un nouvel entrepreneur à la recherche de conseils pour lancer votre première entreprise, un professionnel chevronné cherchant à perfectionner vos compétences ou simplement un esprit curieux désireux de mieux comprendre le monde entrepreneurial, ce dictionnaire est conçu pour vous !

Il rassemble une gamme vaste et pratique de termes, de concepts et d'idées clés qui sont essentiels à la réussite de tout entrepreneur.

Mon objectif est de vous fournir une ressource précieuse et accessible, un compagnon fidèle dans votre parcours entrepreneurial. Chaque entrée de ce dictionnaire est conçue pour être concise, informative et pratique. Vous y trouverez des définitions claires, des exemples concrets et des conseils utiles pour vous guider dans votre démarche entrepreneuriale.

Je crois fermement que l'entrepreneuriat est un domaine où l'apprentissage continu est la clé du succès. Que vous cherchiez à comprendre les concepts financiers, à maîtriser les stratégies de marketing, à naviguer dans le paysage numérique en constante évolution, ou à développer vos compétences en leadership, ce dictionnaire est votre point de départ.

Je vous invite à explorer ces pages avec enthousiasme et à les utiliser comme un outil précieux dans votre boîte à outils entrepreneuriale. L'entrepreneuriat est une aventure passionnante, et je suis ravi de faire partie de votre voyage en vous fournissant les connaissances et les informations dont vous avez besoin pour prospérer et réussir, et j'ai glânées au long de mes années d'expériences.

Bonne lecture, et que votre parcours entrepreneurial soit riche en réussites et en réalisations.

Olivier Sabot

olivier.sabot@so-creativeconsulting.com

A comme … Abus de Biens Sociaux

****

Plus connu sous l'acronyme ABS, l'Abus de Biens Sociaux est une menace qui pèse en permanence sur les épaules du chef d'entreprise. Le vrai danger avec cette notion est qu'on a vite fait de se retrouver dans une situation d'Abus de Biens Sociaux sans même s'en rendre compte.

L'ABS qu'est ce que c'est ?

Le Code du Commerce définit l'ABS dans les articles L. 241-3 et L. 242-6. Cette infraction grave est décrite comme suit : "faire, de mauvaise foi, des biens ou du crédit de la société, un usage qu'ils savent contraire à l'intérêt de celle-ci, à des fins personnelles ou pour favoriser une autre société ou entreprise dans laquelle ils sont intéressés directement ou indirectement". Toute la subtilité se retrouve dans les notions de "mauvaise foi" et de "qu'ils savent contraire".

Cas pratique

Abus de Biens Sociaux involontaire …

Prenons par exemple une entreprise en difficulté qui ne peut payer ses cotisations URSSAF. Ces cotisations ont deux parts : une part salariale et une part patronale. La part salariale est en fait versée par l'employeur au nom du salarié puisqu'elle est déduite de son salaire. Si l'employeur ne paie aucune des parts, il peut tomber sous le coup de l'Abus de Biens Sociaux car le juge pourra considérer qu'il a conservé une somme d'argent qu'il aurait dû reverser à un organisme collecteur, et que cette somme a servi, par exemple, à maintenir en vie une entreprise sur le déclin pour éviter la Liquidation Judiciaire qui aurait signifié pour le dirigeant son appel en tant que caution des prêts contractés par l'entreprise. Dans ce cas, l'employeur aura donc utilisé des biens de la société à des fins personnelles.

Abus de Biens Sociaux moins involontaire …

On peut également avoir le cas d'un dirigeant qui va se faire payer des vacances ou des extras par sa société. Même si ces opérations sont inscrites en comptabilité, elles sont susceptibles de conduire à un Abus de Biens Sociaux car les biens de l'entreprise ont été utilisés à des fins personnelles. On peut même imaginer qu'il y a eu volonté de la part du dirigeant de frauder le fisc et les organismes sociaux car s'il s'était versé un salaire (parfaitement légal lui), il aurait dû payer des impôts sur ces revenus et s'acquitter de cotisations sociales. Sans aller aussi loin, on peut imaginer un dirigeant d'entreprise qui est membre d'une association à titre personnel et qui fait payer sa cotisation par son entreprise ... Les montants sont souvent faibles, mais techniquement, il s'agit d'ABS.

Alors, comment éviter l'Abus de Biens Sociaux

Il y a quelques principes à suivre pour cela :

- Même en cas de difficultés, il faut continuer à verser aux organismes sociaux au moins la part salariale des cotisations.
- Il vaut mieux payer davantage de cotisations et d'impôts mais ne pas se servir du compte courant de l'entreprise comme du sien.

- La jurisprudence est constante sur ce point : l'ignorance n'est pas une excuse ! Un chef d'entreprise est censé savoir comment diriger une entreprise et, le cas échéant peut s'entourer de conseils …

- Même si, une fois l'argent utilisé à des fins personnelles, il est remboursé, le mal est fait. Cela signifie que l'Abus de Biens Sociaux est caractérisé et la seule chose qui puisse se produire c'est que la peine soit symbolique.

- L'argent ou les biens qui sont dans l'entreprise ne sont pas à son dirigeant. Même si cela n'est pas complètement vrai, surtout si le chef d'entreprise détient 100% des parts de sa société, en se forçant à raisonner de la sorte, on peut éviter bien des soucis. Pour mémoire en effet, l'ABS est puni jusqu'à 375 000 € d'amende et 5 années de prison ...

A comme ... Absentéisme

***

Dans une organisation, l'absentéisme est ce qui caractérise le nombre de personnes absentes de leur poste. On parle ainsi de « taux d'absentéisme » pour le ratio qui donne le nombre de personnes absentes sur le nombre total de personnes. Mais l'absentéisme peut également contenir des indications sur la durée moyenne de ces absences ou encore sur leur répartition dans le temps. C'est donc un indicateur qui doit figurer dans un tableau de bord relatif à la gestion des ressources humaines.

L'Absentéisme pour l'entreprise qu'est ce que c'est ?

Pour l'entreprise, qui est une organisation particulière, l'absentéisme a la même définition. Toutefois, ce taux et son évolution dans le temps doivent être regardés de près car ils sont souvent le signe visible de l'ambiance générale dans l'entreprise. Ainsi, si ce taux augmente régulièrement, cela signifie que l'ambiance se dégrade. A l'inverse, si ce taux est faible et reste stable, cela signifie que l'ambiance est plutôt bonne.

Cas pratique

Le premier paramètre à regarder de près est le taux d'absentéisme. En effet, on comprend que parmi tous les salariés d'une entreprise, certains puissent tomber malade. Il est donc parfaitement normal qu'une entreprise affiche un taux d'absentéisme non nul. En revanche, ce qui est intéressant, et c'est ce qui fait le lien avec l'ambiance générale de l'entreprise, c'est que généralement, une personne qui a un rhume et qui se sent bien dans son travail, va quand même être présente à son poste, quitte à se moucher toutes les deux minutes. En revanche, une personne qui vivra mal une situation dans l'entreprise risquera plutôt de profiter de l'occasion pour se faire arrêter.

Cependant, il est très difficile à ce stade de mesurer la raison « réelle » pour laquelle le salarié est absent, son arrêt de travail étant la cause officielle. C'est ici qu'il faut donc suivre l'évolution dans le temps des arrêts de travail posés par les salariés. S'ils sont fréquents, cela signifie qu'il y a un problème plus général dans l'entreprise car il n'y a aucune raison qu'un groupe de personnes soit plus malade que la moyenne nationale (en considérant bien entendu que les conditions physiques de travail soient « normales »). Ainsi, une fréquence élevée des arrêts de travail doit être le signe pour le dirigeant que quelque chose se dégrade au sein de son entreprise. L'autre paramètre est la répartition de ces arrêts de travail. S'ils sont répartis aléatoirement dans l'année, il est difficile d'en tirer une conclusion. En revanche s'ils sont surtout présents les veilles ou les retours de congés ou de week-ends, cela peut être le signe d'une forte démotivation des personnes concernées. Enfin, il faut regarder qui est en arrêt : s'il s'agit de plusieurs personnes, cela peut être sans lien avec le fonctionnement interne de l'entreprise. En revanche si ce sont toujours les mêmes personnes qui sont absentes, cela montre qu'il existe un problème entre elles et l'entreprise. Il faudra donc mettre les choses à plat avec ces salariés car manifestement ils ont un problème et celui-ci doit être traité rapidement pour éviter qu'il ne dégénère.

Alors, comment limiter l'Absentéisme

Comme souvent, la première chose à faire est de mettre en place un indicateur qui permet de mesurer ce taux et son évolution dans le temps. Ensuite, si cela permet d'identifier une dérive, qu'elle soit générale, ou le fait de quelques salariés, il faut rapidement agir pour éviter une propagation du phénomène et une dégradation générale. Enfin, il faut continuer à mesurer le taux après la mise en place d'actions pour s'assurer de leur efficacité.

A comme ... ADN

***

L'ADN est la molécule qui supporte l'information génétique héréditaire d'un organisme. A ce titre elle est un élément fondamental de la vie dans la mesure où elle permet à celui-ci de croître tout en gardant en son sein ce qui le caractérise. Dans le monde de l'entreprise on entend souvent parler d'ADN pour qualifier ce qui la caractérise fondamentalement. Mais on s'arrête souvent à cet aspect sans tenir compte des autres points qui définissent l'ADN alors que la comparaison avec ce qui se passe en biologie est encore plus intéressante ...

L'ADN pour l'entreprise qu'est ce que c'est ?

Pour l'entreprise, comme en biologie, l'ADN est ce qui supporte l'information génétique héréditaire. En d'autres termes, c'est l'ensemble des éléments qui la caractérisent et qui la distinguent de ses concurrentes. Cet aspect couvre la partie « information génétique ». Mais il y a un autre aspect qui ne doit jamais être négligé qui est l'hérédité. En effet, de même que dans un organisme l'ADN permet à l'information de se transmettre génération après génération, dans une entreprise, l'ADN permet de perpétuer la « culture ».

Cas pratique

Ainsi, l'ADN d'une entreprise est en quelque sorte le garant de son identité. Il contient les bases sur lesquelles l'entreprise a été bâtie. Celle-ci peut ensuite évoluer, changer de marché, croître, etc. ses fondamentaux resteront inchangés.

C'est donc à la fois une force et une faiblesse.

Une force car quoi qu'il arrive, le cœur de l'entreprise restera inchangé lui permettant de se ressourcer en cas de difficultés. Mais c'est aussi une faiblesse car a priori elle aura du mal à se remettre en cause en cas de problème.

C'est ici qu'il faut distinguer la notion d'ADN et celle d'habitudes. Autant l'ADN peut consister en un ensemble de valeurs qui sont indépendantes de l'environnement économique dans lequel l'entreprise évolue, autant les habitudes sont souvent des modes de fonctionnement qui peuvent empêcher des évolutions pourtant nécessaires.

Ensuite, comme dans un organisme, l'environnement peut contraindre à des évolutions fondamentales qui font que notre ADN est différent de celui de nos ancêtres préhistoriques. Ainsi, face des changements fondamentaux, comme par exemple l'arrivée massive d'une économie plus « collaborative » ou « participative », l'entreprise doit évoluer fondamentalement, offrant davantage la parole à ses collaborateurs, réduisant les niveaux hiérarchiques, modifiant sa relation à ses clients, etc..

Ces mutations génétiques de l'entreprise vont faire évoluer l'ADN pour rendre l'entreprise compatible à son environnement.

Dans ce cas, le travail du chef d'entreprise sera de s'assurer que ces valeurs n'existent pas déjà et, si nécessaire de les intégrer dans l'ADN de l'entreprise en prenant garde que cette mutation ne conduise pas à sa destruction. Il existe en effet des cas d'incompatibilité qui expliquent pour une bonne part que certaines grandes entreprises disparaissent lorsque les modèles économiques évoluent trop radicalement ...

Alors, comment bien gérer son ADN

La différence entre un organisme vivant et une entreprise est que dans le second cas, le chef d'entreprise a la capacité de faire évoluer son ADN de manière consciente.

Ce pouvoir est à la fois une contrainte et une chance. Une contrainte car si l'entreprise n'évolue pas, la responsabilité en incombera au dirigeant. C'est en revanche une chance car le chef d'entreprise a en principe la capacité d'adapter son entreprise aux évolutions de son écosystème.

Dernier point important, il ne faut pas négliger la capacité qu'ont certains éléments extérieurs à faire muter l'ADN. Le rôle du chef d'entreprise étant de s'assurer que ces mutations ne vont pas détruire la totalité de l'ADN mais seulement de permettre une meilleure adaptation de l'entreprise à son environnement.

A comme ... Affacturage

***

L'affacturage est un outil qui consiste à se faire avancer les sommes dues au titre d'une créance par un organisme qui se rémunère en retenant une partie de ces sommes.

Cet organisme, le factor, se charge généralement du recouvrement de la créance car consécutivement à cette opération il en devient le propriétaire.

Pour les entreprises qui ont des factures avec des délais de paiement longs mais qui sont émises vers des créanciers fiables, l'affacturage est donc un moyen simple de traiter sa problématique de trésorerie.

L'Affacturage pour l'entreprise qu'est ce que c'est ?

Concrètement, avec un factor classique, après avoir passé un accord avec celui-ci, l'entreprise va s'engager sur un volume de créances annuel qui déterminera le montant des commissions d'affacturage perçues par le factor : plus le chiffre d'affaire cédé sera élevé, moins la commission d'affacturage sera importante.

Cette notion d'engagement étant assez contraignante et les commissions et les autres frais « cachés » étant généralement élevés, quelques acteurs de la « Finance Technologique », la FinTech ont relevé le défi et simplifié le fonctionnement de cet outil devenu trop lourd. C'est ainsi que grâce à des entreprises comme Bibby Factor, l'affacturage redevient un moyen astucieux d'optimiser sa trésorerie.

Cas pratique

Sauf si vous optez pour des solutions comme celles proposées par Bibby Factor, vous devrez être prudent sur certains points.

Premièrement, si vous n'atteignez pas le montant minimum sur lequel vous vous êtes engagé, vous devrez payer des pénalités. Le problème étant que ce montant peut ne pas être atteint car le factor refuse certaines créances, les jugeant trop risquées ...

Ensuite, dans la plupart des cas, le factor bloque une somme pouvant atteindre 20% du montant de la créance, au titre de retenue de garantie. Deux cas existent alors. Soit ce montant vous est rendu au moment où le créancier paie sa facture, soit il est consigné dans un fonds de garantie qui sert au factor à se garantir contre un impayé. Ce fonds de garantie a un plafond, mais de fait, c'est de l'argent qui n'est plus dans votre entreprise et qui peut vous manquer un moment ...

Troisièmement, la plupart des factors imposent que lorsque vous leur avez cédé une facture émise pour un créancier donné, vous avez ensuite l'obligation de céder toutes les factures futures émises pour ce même créancier, même si vous n'en avez pas besoin.

Quatrièmement, l'affacturage ne fonctionne que pour des factures émises sur des entreprises ou des organismes publics, c'est-à-dire pas pour des factures émises pour des particuliers.

Enfin, dans la plupart des cas, l'affacturage ne fonctionne pas pour des factures correspondant à des situations d'avancement et émises dans le cadre d'un marché qui peut s'étaler sur plusieurs mois.

Alors, comment gérer l'affacturage pour son entreprise ?

Le tableau décrit ci-dessus peut donner l'impression que l'affacturage est sans doute intéressant mais très contraignant. C'est un fait, mais si on prend l'exemple de Bibby Factor, les trois premières contraintes n'existent pas.

Avant de signer avec un factor demandez bien quelles sont les conditions de sortie pour ne pas vous faire piéger et bloquer des sommes qui devraient logiquement vous revenir, en particulier les retenues de garanties.

En tout cas, l'affacturage reste une solution intéressante pour mobiliser son poste client et transformer des encours en trésorerie …

A comme … Amorçage

∗∗∗

L'amorçage est ce qui permet à une entreprise de démarrer son activité en disposant de suffisamment d'argent pour faire face aux premières dépenses. Il peut être réalisé par les apports personnels des dirigeants, par de l'argent provenant de leurs proches ou provenant de fonds spécialisés.

Dans tous les cas, cet argent est nécessaire faute de quoi le projet risque de ne jamais voir le jour …

L'Amorçage qu'est ce que c'est ?

Concrètement, il s'agit de pouvoir payer les premiers achats, les premiers salaires voire les premières dépenses en communication tout en convaincant ceux qui apportent l'argent que l'entreprise va se développer et qu'elle va donc leur permettre de retrouver leur mise de départ.

Malheureusement, les acteurs classiques du financement se réfugient trop souvent derrière le fait qu'il faut que l'entreprise ait commencé par faire ses preuves avant qu'ils envisagent de lui prêter de l'argent …

Cas pratique

La première solution est celle qui consiste à mettre sur la table tout ce qu'on a comme réserves, économies ou autres possibilités d'emprunt. C'est effectivement très risqué, mais souvent, cela donne une image positive car cela montre que le fondateur croit en son idée.

Bien entendu, il ne s'agit pas de croire à une idée pour qu'elle donne des résultats fantastiques mais le monde est ainsi fait …

La seconde solution consiste à trouver très tôt des partenaires financiers : des banques, des réseaux d'investisseurs ou des fonds spécialisés en amorçage. Il va quand même falloir démontrer que l'entreprise est suffisamment capitalisée, ne serait-ce que parce que certains investisseurs ne vont investir qu'à hauteur des fonds propres de l'entreprise …

Cela va également signifier qu'il va falloir bien structurer son Business Plan, bien expliquer son Business Model pour qu'en face, ceux qui investissent, soient en mesure d'estimer leur retour sur investissement.

La troisième solution est une piste de plus en plus prometteuse, qui est celle du crowdfunding. Ce principe existe sous deux formes : d'une part un don d'une somme généralement modeste contre un gadget ou le bénéfice d'être cité dans la réalisation du produit, d'autre part une prise de participation dans l'entreprise.

Cette solution présente l'intérêt de disposer assez rapidement d'une première base de clients et surtout d'une communauté qui va valider (ou non) votre idée, partant du principe que si l'entreprise peut lever les fonds qu'elle souhaite rapidement, elle pourra se dire que son offre est bonne.

Alors, comment gérer l'amorçage pour son entreprise ?

L'amorçage est quelque chose de vital pour l'entreprise car sans lui, elle ne disposera pas des financements qui sont nécessaires à son démarrage. Il est donc très important de ne pas rater cette étape.

A ce titre le crowdfunding est une méthode très intéressante car elle permet de lever des fonds rapidement, avec en plus la possibilité de tester son offre.

Mais il ne faut pas perdre de vue que les sommes qui sont requises en amorçage doivent être calculées au plus juste, c'est-à-dire qu'elles doivent être suffisamment élevées pour que l'entreprise puisse démarrer dans de bonnes conditions mais elles ne doivent pas couvrir des dépenses somptuaires qui sont inutiles au démarrage de l'entreprise.

Il faut également être malin et utiliser au mieux toutes les astuces qui permettent de faire des économies, ce pour minimiser les dépenses de démarrage. Ainsi, une bonne présence sur les réseaux sociaux vaut toutes les publicités du monde et un stagiaire motivé qui pourra être embauché par la suite permet de réduire sensiblement la masse salariale de l'entreprise …

B comme … Banque

***

Pour une entreprise, une banque a ceci de particulier qu'elle est à la fois un fournisseur de services comme celui qui consiste à stocker l'argent que l'entreprise reçoit de ses fournisseurs, mais aussi comme celui qui consiste à prêter de l'argent, sous quelque forme que ce soit.

Pourtant, ce fournisseur est incontournable en ce sens que les entreprises qui se font exclusivement payer en espèces et qui, en retour paient toutes leurs dépenses également en espèces sont extrêmement rares.

La Banque pour l'entreprise qu'est ce que c'est ?

Pour l'entreprise, une banque est donc un fournisseur particulier qui peut lui fournir ce dont elle a le plus besoin pour fonctionner, à savoir de l'argent. Seulement, tout à un prix et l'argent que la banque avance à l'entreprise n'est pas gratuit.

De plus, comme la banque veut limiter son risque au maximum, elle met généralement en place tout un arsenal de garanties pour s'assurer qu'elle va recouvrer son argent. Dans un sens, c'est assez logique car la banque n'étant pas dans l'entreprise, elle ne peut pas intervenir dans son pilotage et n'a donc pas de moyen de s'assurer a priori que l'entreprise va bien la rembourser.

Tout ceci rend donc les relations entre les entreprises et les banques complexes. Pourtant quelques actions simples permettent généralement à ces deux protagonistes de travailler en bonne intelligence …

Cas pratique

La première chose à faire est de parler régulièrement avec votre banquier et de le tenir informé des bonnes et des mauvaises nouvelles concernant votre entreprise. Il faut en effet partir du principe qu'un banquier est une personne anxieuse qui ne peut pas vous faire confiance a priori, ne serait-ce que parce qu'il a lui-même des comptes à rendre à sa hiérarchie.

Deuxièmement, il faut comprendre que le temps ne s'écoule pas de la même façon pour un banquier que pour vous. Vous devez donc anticiper : si vous pensez avoir besoin d'un prêt, ce n'est pas la veille qu'il faudra le demander sinon, vous n'aurez rien …

Troisièmement soyez prêt à devoir fournir tout un tas de documents qui vous semblent inutiles mais qui servent à votre banquier pour « monter votre dossier ». Tout vient d'une différence de point de vue entre le vôtre, souvent pratique et plein d'intuitions basées sur votre connaissance de votre marché et de votre environnement, et celui de votre banquier, plus lointain, fait d'analyses sectorielles et d'études en tous genres.

Quatrièmement, faites-le venir dans votre entreprise. Non seulement les banquiers adorent ça car cela les sort de leur bureau, en plus ils pourront ensuite raconter à leurs proches qu'ils ont vu une vraie entreprise, mais encore, et plus sérieusement, cela leur permet de visualiser votre activité et de mieux la comprendre.

Enfin, lorsque vous aurez tissé des liens forts avec votre banquier, qu'il aura bien compris votre entreprise et que vous aurez l'impression que vous pouvez en faire un partenaire impliqué, il va disparaître, muté dans une autre agence … La vie est ainsi faite qu'il va vous falloir reprendre le processus de construction de votre relation au commencement …

Alors, comment bien gérer la relation avec sa banque pour son entreprise ?

La meilleure façon de gérer votre relation avec votre ou vos banques est sans doute de ne rien cacher et d'anticiper au maximum les problèmes.

En effet, quoique vous en pensiez, votre banquier va en principe tout faire pour trouver une solution qui vous convienne car cela va l'aider lui aussi (dans sa carrière, dans sa relation à sa hiérarchie ou aux divers comités à qui il doit rendre des comptes).

La meilleure chose à faire dans tous les cas consiste à demander le maximum de choses à votre banquier lorsque la situation de votre entreprise est bonne car lorsque vous aurez des difficultés vous ne serez pas en position de force pour négocier …

B comme … BFR

✳✳✳

Le Besoin en Fonds de Roulement est un des indicateurs les plus importants d'une entreprise car il donne sa capacité à faire face à ses dépenses avant de percevoir des revenus.

Comme son nom l'indique, le Besoin de Fonds de Roulement exprime le montant dont l'entreprise a besoin pour pouvoir fonctionner. Si à un moment donné, ce besoin est supérieur à ce dont elle peut attendre comme revenus, cela signifie que l'entreprise va utiliser sa trésorerie pour fonctionner.

Cette situation n'est pas exceptionnelle mais ne peut durer éternellement, faute de quoi l'entreprise finira sans trésorerie et sera donc en état de cessation des paiements.

Le BFR pour l'entreprise qu'est ce que c'est ?

Pour l'entreprise, le BFR est donc la différence entre ses Emplois et ses Ressources, c'est-àdire en pratique, le résultat de l'équation suivante :

BFR = Stocks + Créances Clients – Dettes Fournisseurs – Dettes Sociales et Fiscales

Pour le calculer vous pouvez utiliser votre bilan, mais cela ne vous donnera sa valeur qu'à la fin de l'exercice comptable. Le mieux est donc de le calculer régulièrement afin d'éviter les mauvaises surprises …

Cas pratique

En pratique, pour déterminer le BFR sans attendre le bilan, vous pouvez procéder comme suit :

Pour les stocks, il faut que vous regardiez en combien de temps vous écoulez vos stocks. Ensuite, vous ramenez vos approvisionnements à ce nombre de jours. Ainsi, s'il vous faut 20 jours pour écouler vos stocks et que vos achats de matière représentent 150 000 € sur une année, la valeur à appliquer au stock est de 150 000 x 20 / 360 = 8 333 €

Pour les Créances Clients, il faut ramener votre Chiffres d'Affaires au délai moyen de règlement de vos factures par vos clients. S'ils règlent en moyenne en 45 jours et que votre CA est de 450 000 €, la valeur de ce poste sera de 450 000 x 45 / 360 = 56 250 €

Pour les Dettes Fournisseurs, il faut ramener vos Achats au délai moyen avec lequel vous réglez vos fournisseurs. Si vous les réglez avec un délai moyen de 30 jours et qu'ils représentent 150 000 € sur une année, elles sont de 150 000 x 30 / 360 = 12 500 €

Pour les Dettes Sociales et Fiscales, sachant que vous les payez en gros tous les mois vous devez ramener à 30 jours le montant annuel de votre TVA, de vos salaires, de vos charges et des impôts et taxes. Si cela représente 200 000 €, elles seront de 200 000 x 30 / 360 = 16 667 €

Dans le cas présent le BFR serait de 8 333 + 56 250 – 12500 – 16 667 = 35 416 €, ce qui indique que vous avez besoin d'avoir cette somme en caisse pour pouvoir fonctionner normalement.

Alors, comment bien gérer le BFR pour son entreprise ?

La meilleure façon de bien gérer son BFR est tout d'abord de l'estimer régulièrement et de bien comprendre comment il se détermine.

Pour faire simple plus vous avez des stocks importants, plus vos clients vous paient tard, plus vous payez vos fournisseurs tôt et plus vous aurez besoin de trésorerie pour vivre. On comprend d'ailleurs toutes les difficultés qu'ont les entreprises en procédure collective (Sauvegarde ou Redressement Judiciaire) car dans ce cas il est souvent nécessaire de payer ses fournisseurs avant d'être livré, d'où un BFR très élevé et d'où un besoin en trésorerie important, or c'est précisément un défaut de trésorerie qui a mené l'entreprise dans cette situation …

Le plus simple est donc d'avoir peu de stocks et de payer vos fournisseurs le plus tard possible et d'avoir recours à des solutions comme l'affacturage pour encaisser vos créances le plus vite possible … Tout cela le temps de remettre votre trésorerie à niveau.

B comme ... Billet de Trésorerie

***

Techniquement un billet de trésorerie est un crédit interentreprise généralement passé entre un établissement bancaire et une entreprise.

La banque prête une certaine somme d'argent à l'entreprise sur une durée prédéfinie (généralement quelques mois) et l'entreprise est tenue de lui rembourser intégralement cette somme à l'échéance.

Le coût de cette avance à très court terme est celui des agios correspondant à la période de prêt.

Un Billet de Trésorerie pour l'entreprise qu'est ce que c'est ?

Pour l'entreprise, un billet de trésorerie est donc un moyen simple et efficace pour disposer du montant nécessaire, par exemple, à l'achat de matière première pour démarrer une fabrication. Cela permet à l'entreprise de payer toute sa matière première sans avoir à toucher à sa propre trésorerie et ne rembourser la banque que lorsqu'elle aura à son tour encaissé le règlement de son client.

Cas pratique

En pratique, le billet de trésorerie peut servir dans trois cas.

Premièrement, lorsqu'une entreprise a un certain volume d'affaires et qu'elle doit faire face à un pic d'activité. La mise en place d'un prêt ne serait pas adaptée et une autorisation de découvert n'a pas d'intérêt, encore une fois du fait du besoin qui est limité dans le temps.

Dans ce cas, le billet de trésorerie peut être mis en place rapidement et surtout remboursé rapidement car ce pic d'activité va générer des revenus dans un délai a priori court.

Deuxièmement, si l'entreprise a une trésorerie un peu tendue et qu'elle doit faire face à un gros chantier qui nécessite un montant d'achats importants. Elle peut bien entendu négocier avec ses fournisseurs des conditions de paiement avantageuses mais ce n'est pas chose aisée et surtout prend du temps.

De même, elle peut négocier avec son client la mise en place d'un acompte en l'assortissant éventuellement de clauses de réserve de propriété, mais cela prend du temps et il n'est pas garanti que le client accepte.

Troisièmement, si l'entreprise veut faire un « coup » et acheter un ensemble de produits rapidement sans impacter sa trésorerie courante et se mettre en danger. Cela a un sens si cette marchandise qui a été achetée peut être revendue rapidement avec de la marge.

Dans ce cas, il faudra justifier de l'intérêt de l'opération et surtout de sa rentabilité car le but d'un billet de trésorerie est qu'il soit remboursé dans un délai de quelques mois.

Alors, comment utiliser un Billet de Trésorerie pour son entreprise ?

Le billet de trésorerie est un outil assez peu connu qui permet pourtant de gérer les pics d'activité d'une entreprise sans qu'elle ait à toucher à son matelas de trésorerie.

Par ailleurs, à l'inverse de l'affacturage où le factor fait une avance sur une facture qui a été émise par l'entreprise, ce qui suppose que le travail a été réalisé par cette dernière, le billet de trésorerie permet à l'entreprise de disposer d'argent avant de réaliser les travaux.

La condition est que l'entreprise ait toutefois une activité rentable et que l'argent qui est avancé par la banque puisse être remboursé rapidement. De même, passer d'un billet de trésorerie à un autre montre que cet outil n'est pas le plus adapté à la situation de l'entreprise est qu'il faudra plutôt s'orienter vers un prêt ou un découvert autorisé.

Enfin, le point le plus important à retenir est que la totalité de la somme avancée doit être remboursée à l'échéance. Il faut donc garder ce point en tête sauf à se retrouver dans une situation compliquée à gérer …

B comme ... Blog

$$***$$

Lorsque vous décidez d'adapter votre stratégie au monde du digital, vous vous trouvez rapidement confronté à un dilemme important face à la multitude d'offres disponibles. En effet, le web propose une boîte à outils très importante mais, comme dans toutes les boîtes à outils, il faut savoir faire le tri entre ce qui est utile à un moment donné et le reste.

Ainsi, vouloir par exemple disposer d'un site web est une très bonne chose, mais une fois que vous avez un site, cela ne suffit pas car il doit vivre. Or un excellent moyen de faire vivre un site est de disposer d'un blog, c'est-à-dire d'un journal interactif en ligne où vous pourrez donner des informations pratiques ou des renseignements pratiques vous concernant et surtout créer une interaction avec vos visiteurs.

Un Blog pour l'entreprise qu'est ce que c'est ?

A la différence d'un blog personnel où on utilisera cet outil comme un journal permettant de relater les instants importants de sa vie, un blog d'entreprise est un outil de communication dont le but est d'inspirer la confiance chez vos lecteurs.

En effet, inspirer la confiance est le meilleur moyen d'engager vos lecteurs et de les transformer en clients. Pour cela, il est nécessaire de communiquer non seulement sur ce que vous faites, mais surtout de montrer que vous êtes un expert dans votre domaine et que par conséquent vous êtes parfaitement apte à résoudre leurs problèmes ou répondre à leurs besoins.

Cas pratique

En pratique, cela signifie trois choses fondamentales : communiquer régulièrement, offrir du contenu de qualité, et du contenu original.

Communiquer régulièrement permet de créer des repères pour vos lecteurs. Ainsi, si vous postez un billet par semaine, à jour et heure fixes, cela créera un rythme que vos lecteurs seront capables de suivre.

Si en plus vos billets sont originaux, vos lecteurs attendront avec impatience le suivant et seront donc au rendez-vous.

Ensuite, il est nécessaire d'avoir un contenu de qualité. Il ne s'agit pas en effet de donner une liste exhaustive de vos produits ou de donner des informations sans intérêt comme commenter la météo (sauf si votre activité consiste à donner des prévisions météo …).

Un contenu de qualité est un contenu bien rédigé, agréable à lire et sans faute d'orthographe. Mais c'est également un contenu qui apprend des choses au lecteur, que ce soit des choses de la vie courante ou en lien avec votre activité.

Enfin, le contenu doit être original, c'est-à-dire qu'il ne doit pas être un copier-coller d'un article existant, sauf si cela est parfaitement assumé, mais dans ce cas on est plus proche de la curation que d'un blog.

De plus, en donnant une touche personnelle à vos articles, vous les rendrez plus accessibles et, du même coup, vous créerez une proximité, un lien personnel entre vous et vos lecteurs, ce qui facilitera grandement leur engagement.

Alors, comment gérer un blog pour son entreprise ?

Tenir un blog est un travail de longue haleine car il faut être capable de tenir le rythme aussi bien sur le plan de la qualité que de la quantité.

Le plus simple est donc de commencer en se fixant un objectif raisonnable de publication et de l'adapter en fonction de votre disponibilité.

Mais le plus important est le contenu et la façon dont vous le mettez en scène. La réussite de ces deux points va conduire à un engagement important de la part de vos lecteurs qui vont devenir des véritables fans regroupés dans une communauté, puis des clients.

Cette communauté va alors agréger à elle d'autres personnes, mais c'est une autre histoire …

B comme ... Business Angel

***

Les Business Angels sont des personnes physiques qui sont en mesure d'apporter des fonds à des entreprises afin de leur permettre de se développer.

Cet apport de fonds se fait en capital, ce qui signifie que, généralement, les Business Angels reçoivent en échange des parts de l'entreprise.

Ils interviennent principalement en phase d'amorçage, c'est-à-dire au moment où les besoins de l'entreprise vont de quelques dizaines à quelques centaines de milliers d'euros.

Un Business Angel qu'est ce que c'est ?

En fait un Business Angel est souvent un ancien industriel ou homme d'affaires qui souhaite investir son argent dans des entreprises. Il a donc non seulement une fibre entrepreneuriale mais dispose aussi d'un carnet d'adresses intéressant et il n'hésitera généralement pas à en faire bénéficier l'entreprise dans laquelle il investit.

Ce qu'il faut bien comprendre en effet, c'est qu'un Business Angel n'investit pas que de l'argent dans l'entreprise, il fournit aussi un réseau et des conseils, ce qui est au moins aussi important que des fonds.

La dernière caractéristique d'un Business Angel est qu'il intervient généralement avec d'autres Business Angels. La formation d'un «

syndicat » comme le disent les anglo-saxons, permet généralement à l'entreprise bénéficiaire d'étoffer son conseil d'administration.

Cas pratique

Pour faire entrer un Business Angel à votre capital, la première chose à faire est de préparer votre fonds documentaire : Business Plan, executive summary, présentations, pitchs, vidéos, etc. Tout doit être prêt le jour J, car lorsque vous aurez un Business Angel en face de vous, il ne s'agira pas d'hésiter sur vos données ou vos prévisionnels.

Ensuite, vous devez sélectionner quelques Business Angels (une vingtaine) avec des critères qui sont : leur domaine d'intervention, le montant qu'ils sont prêts à investir, leur localisation géographique. Vous devez aussi vous assurer qu'ils n'interviennent pas déjà dans des entreprises concurrentes à la vôtre …

Une fois ces personnes identifiées, vous pouvez les regrouper avec comme critère : ceux avec lesquels vous voulez absolument travailler, ceux avec lesquels vous pouvez accepter de travailler, ceux qui ne vous intéressent pas vraiment. Cela vous permet de commencer votre « roadshow » par ceux qui ne vous intéressent pas beaucoup pour tester votre présentation.

Ensuite, contactez-les directement (en évitant les adresses standard du type contact@xxx) et pitchez en quelques lignes votre produit ou votre offre et envoyez-leur un executive summary ou une présentation suffisamment succincte mais claire. Le but de cette première prise de contact est de les intéresser et leur donner envie d'en savoir plus.

Enfin, une fois que vous rencontrez votre investisseur potentiel, présentez votre produit pour le séduire et lui donner envie d'investir.

C'est d'ailleurs ici que vous devrez choisir qui, dans votre équipe, est le plus apte à parler de votre produit car il ne faut pas rater votre présentation sous prétexte que vous perdez vos moyens facilement … C'est également à cette étape que vous devez mesurer comment il va pouvoir vous aider autrement que financièrement.

Le reste est affaire d'avocats et d'experts-comptables car on entre alors dans la phase de la valorisation de l'entreprise, des audits (due diligences), du pacte d'actionnaires, etc..

Alors, comment trouver le bon Business Angel ?

La première chose à faire est de commencer par savoir ce dont vous avez besoin. Vous pouvez avoir besoin d'argent mais aussi d'un réseau ou de conseils.

Ensuite, il faut cibler les Business Angels qui sont réellement susceptibles de vous aider en regardant leur bio, leurs secteurs d'investissements, etc..

Enfin, vous devez être prêt à accepter de céder des parts à ces personnes car c'est la contrepartie d'un apport en capital. Cette acceptation n'est pas si évidente que cela, surtout si cela fait quelques mois que vous travaillez sans relâche à votre projet …

B comme ... Business Model

***

Bien que la notion de Business Model soit fondamentale pour une entreprise en création ou en recherche d'évolution, elle est trop souvent négligée et remplacée par celle de Business Plan. Au point que lorsqu'un chef d'entreprise va voir une banque pour trouver des financements pour un projet, on ne lui parlera jamais de Business Model, mais uniquement de Business Plan ...

Le Business Model qu'est ce que c'est ?

Le Business Model est en fait la façon dont l'entreprise compte gagner de l'argent. En d'autres termes, si le Business Plan est le plan à 3 ou 5 ans qui donne les perspectives d'évolution de l'entreprise dans son milieu, le Business Model définit ce qui va (et doit) être mis en œuvre pour réaliser le Business Plan.

Il existe un très grand nombre de Business Model classiques. Parmi les plus courants, on peut citer :

- le Business Model Freemium, où un certain nombre de fonctionnalités de base sont gratuites tandis qu'il faut payer pour pourvoir utiliser celles proposées en mode premiuM
- le Business Model de l'abonnement, où le client va payer chaque mois un abonnement pour obtenir des produits ou des prestations
- le Business Model de l'enchère, où le client fixe le prix mais faisant face à d'autres clients, ce prix est susceptible de monter

- le Business Model de financement par la publicité, où comme son nom l'indique le service est gratuit pour le client, mais l'entreprise est rémunérée par les annonceurs qui escomptent beaucoup de clients potentiels du fait du grand nombre de visiteurs
- etc.

Cas pratique

Avant de lancer votre entreprise, vous devez absolument savoir quel Business Model utiliser (ou inventer). En effet, le Business Model étant ce qui définit la façon dont votre entreprise va générer ses revenus, il est fondamental de ne pas se tromper.

Alors, si votre entreprise propose des logiciels, vous pourrez par exemple choisir le mode Freemium (quelques fonctionnalités de base offertes et un mode premium plus complet payant). C'est le mode choisi par Dropbox ou Evernote.

Si vous optez pour des services à la personne ou que vous proposez des produits ayant une certaine récurrence, vous pourrez choisir le mode de l'abonnement. Cela vous garantira des revenus réguliers et vous pourrez disposer des fonds avant de livrer, ce qui généralement bon pour la trésorerie de l'entreprise. C'est typiquement le modèle choisi pour les boxes de toutes sortes (par exemple box beauté où on reçoit chaque mois des échantillons, etc).

Si vous voulez vendre des produits achetés en gros au détail, vous choisirez plutôt le Business Model de la transaction. C'est le modèle utilisé par Groupon ou Ventes Privées.

Si vous proposez des services en ligne et que vous pensez que cela va attirer beaucoup de monde, vous pouvez envisager le Business Model de financement par la publicité. En fait, vous gèrerez une régie publicitaire qui louera des espaces publicitaires à des annonceurs, mais cela ne sera possible que si vous avez de grands volumes car les annonceurs ne seront prêts à payer que s'ils sont « assurés » d'avoir un grand nombre de visiteurs. C'est le modèle choisi par les chaînes de télévision ou les radios privées.

Vous pouvez enfin mixer plusieurs Business Models pour augmenter vos chances de générer des revenus.

Alors, comment trouver le bon Business Model ?

Vous devez travailler en plusieurs étapes. Premièrement, trouvez un Business Model qui semble vous convenir et qui va générer des revenus sur le papier.

B comme … Business Plan

***

Le Business Plan est LE document que les banques ou que les investisseurs vont vous réclamer lorsque vous cherchez de l'argent. Ce document est en effet censé contenir toute une série d'informations permettant à son lecteur de comprendre votre entreprise et de connaître vos perspectives.

Cependant, ce document n'est pas contractuel dans le sens où les prévisionnels qui sont présentés le sont sur la base d'hypothèses valables au moment où vous le rédigez mais qui peuvent devenir obsolètes 6 mois plus tard …

Alors à quoi sert vraiment ce document ?

Le Business Plan qu'est ce que c'est ?

Le Business Plan est donc un document qui va contenir plusieurs parties mais qu'on peut schématiquement découper en 4 grands groupes :

- un executive summary, qui ne doit pas excéder deux pages et qui décrit votre projet de manière synthétique
- une description du fonctionnement de l'entreprise, qui présente l'équipe, son histoire, etc.
- une description du marché, qui présente une analyse du marché mais aussi comment vous allez gagner vos premiers clients, comment vous allez faire pour gagner de l'argent, etc.

- un prévisionnel, qui donne pour les 3 ou 5 années à venir, ce que vous allez faire comme chiffre d'affaires et comme résultat et qui décrit également vos besoins en financement

C'est donc un document qui a une base intéressante et qui donne un grand nombre d'éléments susceptibles de convaincre un investisseur ou un banquier qu'il peut vous aider …

Cas pratique

En pratique un Business Plan doit être vu de manière différente. Il y a en effet la version officielle et la version officieuse.

Officiellement, c'est un document qui présente tout ce qui a été indiqué précédemment dans le but de convaincre un investisseur ou un banquier qu'il peut vous prêter de l'argent.

Officieusement, et c'est vraiment ce que vous devez garder à l'esprit, ce document sert principalement … à vous ! Il vous permet en effet de poser à plat toutes les hypothèses de travail que vous avez en tête et en tirer des conclusions. Par son formalisme, ce document vous force en effet à répondre à des questions que vous n'avez peut-être pas envie de vous poser : comment vais-je gagner mes premiers clients ? Vais-je gagner de l'argent ?

Par ailleurs, vous devez garder à l'esprit qu'un Business Plan est vrai à un instant donné mais qu'il peut rapidement devenir obsolète si les hypothèses prévues au départ ne sont pas bonnes, que cela soit dans un sens comme dans l'autre …

Ensuite, il permet, via le prévisionnel, de mesurer concrètement votre rentabilité à venir. A vous de voir si les hypothèses de croissance que vous avez prévues sont suffisantes pour arriver à gagner de l'argent.

Enfin, si vous réalisez ce document sérieusement, vous serez en principe en mesure de répondre à toutes les questions que vos interlocuteurs pourront vous poser. Cela est lié au fait que ce document couvre tous les aspects de votre business à venir et qu'il vous force donc à y réfléchir avant de vous lancer …

Alors, comment faire un bon Business Plan ?

La meilleure façon de faire un bon Business Plan est de ne négliger aucune des parties qui le composent et d'y répondre sérieusement après avoir creusé le sujet.

Ensuite, il faut garder en tête qu'un Business Plan évolue et que vous devrez donc être en capacité de le remettre en cause régulièrement et le faire vivre …

C comme ... Caution

***

De manière quasi-systématique, un chef d'entreprise qui va dans une banque pour solliciter un prêt, demander la mise en place d'outils du type découvert ou ligne Dailly va devoir se porter caution. Cette mise en place de caution n'est absolument pas anodine et peut avoir des conséquences très importantes pour la vie personnelle du dirigeant en cas de problème dans son entreprise. Alors méfiance …

La caution qu'est ce que c'est ?

La caution est la garantie que prend un organisme prêteur auprès de l'emprunteur. En d'autres termes, cela signifie que si pour une raison ou une autre, l'emprunteur ne peut plus faire face c'est la caution qui prend le relais.

Dans le cas de l'entreprise, si le dirigeant est caution personnelle sur des prêts contractés par son entreprise, cela signifie que si l'entreprise ne peut plus rembourser les échéances du crédit, c'est le dirigeant qui devra le faire. On imagine donc sans peine les conséquences sur le plan personnel si la caution porte sur plusieurs centaines de milliers d'euros …

Cas pratique

En pratique toutefois, le dirigeant ne peut être caution qu'à hauteur d'un montant qui aura été déterminé au préalable. En effet, pour être caution, il faut qu'il y ait un document qui existe et qui ait été signé par toutes les parties.

Il faut aussi comprendre que l'engagement de la caution est fonction des sommes empruntées. Ainsi, s'il s'agit d'un prêt, à chaque échéance remboursée, le montant de la caution diminue d'autant. Ce point est à contrôler fréquemment car les banques ont souvent tendance à oublier de réactualiser le niveau de cautionnement …

Par ailleurs, si l'entreprise entre en procédure collective (Sauvegarde, Redressement Judiciaire, Liquidation Judiciaire), les conséquences pour la caution vont être différentes selon le cas. Ainsi, dans le cas de la Sauvegarde, la caution ne peut pas être appelée pendant la période d'observation mais peut l'être lorsque le plan de sauvegarde est prononcé. Cela dit, le plan de Sauvegarde intégrant la dette du prêteur, celui-ci n'a pas vraiment de raison valable d'activer la caution, sauf à vouloir récupérer son argent au plus vite.

Dans le cas d'un Redressement Judiciaire ou d'une Liquidation Judiciaire, la caution est appelée directement, mais pour le Redressement, elle peut être gelée le temps de la période d'observation.

Alors, comment gérer le fait d'être caution ?

Le mieux est de ne pas être caution !

Il existe en effet d'autres moyens de garantir un prêt ou un découvert pour son entreprise.

Tout d'abord, cela va dépendre de votre niveau de solvabilité. En effet si vous n'avez pas d'actif en propre (par exemple que vous êtes marié sous le régime de séparation de biens et que tout appartient en propre à votre conjoint), vous n'êtes pas solvable et il est probable que le prêteur (la banque généralement) ne vous demandera même pas d'être caution puisqu'en cas de défaillance de l'emprunteur, elle ne pourra rien récupérer.

Ensuite, cela va dépendre de votre capacité à négocier. En effet, si vous avez quelques actifs mais que la valeur de ceux-ci est nettement inférieure au montant de la caution, vous pouvez toujours tenter de proposer un nantissement sur les parts de l'entreprise. Si l'entreprise en question possède des actifs, la banque pourra les réaliser en cas de faillite et récupérer ainsi tout ou partie de l'argent prêté.

La caution désigne donc la personne physique ou morale qui se substitue à un emprunteur défaillant auprès d'un organisme prêteur. Aussi, à moins que vous n'ayez ces sommes disponibles et provisionnées pour faire face à cette éventualité, il vaut mieux éviter de prendre le risque d'être caution.

C comme … Client

***

Tout le monde connaît la phrase : « le client est roi ! ». Il semble donc que pour une entreprise, le client ait un statut particulier, voire supérieur à celui de toutes les autres entités qui l'entourent.

Ce statut particulier est en fait dû au rôle crucial que joue un client dans une entreprise. En effet, une entreprise sans client n'existe pas. Il est donc nécessaire que pour vivre, une entreprise ait des clients, mais cette condition, quoique nécessaire, n'est hélas pas suffisante !

Le client pour l'entreprise qu'est ce que c'est ?

Pour l'entreprise, le client est une entité qui lui permet d'exister pour deux raisons : tout d'abord, il permet à l'entreprise de se développer en fabriquant des produits ou en créant des services, mais aussi en lui donnant de l'argent en contrepartie des produits ou des services reçus.

Les deux points sont d'ailleurs liés car l'argent que l'entreprise reçoit lui permet de payer ses salariés, ses achats et ses partenaires pour pouvoir développer et fabriquer les produits et les services qu'elle vend à ses clients.

Cela met donc bien le client à une place centrale dans le fonctionnement de l'entreprise.

Cas pratique

Le premier point qu'il faut bien prendre en compte est que ce n'est pas parce que le client utilise un produit ou un service d'une entreprise qu'il va le payer. Je ne parle pas ici des retards de paiement ou des litiges, mais bien du Business Model que l'entreprise va utiliser.

Prenons Google. Lorsqu'on utilise le moteur de recherche de ces derniers, on ne paie rien. En revanche, Google récupère nos données et les utilise pour vendre de la publicité ciblée. Ce résumé rapide du Business Model de Google permet de comprendre que le client peut ne pas payer directement pour utiliser les services de l'entreprise.

Ensuite, il fut une époque où on cherchait à vendre des produits à des clients. De nos jours, la démarche est inverse : on cherche à comprendre quels sont les besoins ou les problèmes que le client peut avoir dans sa vie courante ou son travail et on va lui proposer des solutions. Tout l'enjeu est de proposer des solutions qui soient monétisables, autrement dit que le client soit prêt à payer pour elles !

De plus, il ne faut jamais oublier une chose : un client est infidèle par nature. Ou, pour être précis, on peut dire que si l'entreprise ne fait rien pour garder son client, celui-ci ira voir ailleurs. Ainsi, la tendance naturelle à l'infidélité du client ne se concrétise que lorsque l'entrepris est défaillante, c'est-à-dire qu'elle n'offre plus la solution au besoin du client.

Enfin, le client peut s'avérer un vendeur hors pair ! S'il est satisfait du service qu'il a reçu ou du produit qu'il a acheté, il va en parler autour de lui. Ce produit ou ce service vont le valoriser au sein de sa communauté et c'est la raison pour laquelle il va vouloir (inconsciemment) jouer les évangélisateurs, se positionnant comme celui qui a été le premier à l'avoir …

Alors, comment gérer ses clients ?

Avant de gérer ses clients, il faut les identifier et bien comprendre quels sont leurs attentes. Il est en effet très important que le client sente qu'on a compris son problème et qu'on a une solution à lui proposer.

Ensuite, il faut faire en sorte que la solution proposée lui confère tellement de bien-être ou d'avantages qu'il est prêt à payer pour elle !

Mais tout ne s'arrête pas là car une fois le client satisfait, il va falloir mieux le connaître et identifier d'autres besoins chez lui ou, éventuellement, d'autres besoins chez ses proches.

En fait, dire que le client est roi est une erreur car cela supposerait obéir au doigt et à l'œil à ses exigences. En réalité, il faut considérer le client comme un ami qu'on a envie d'aider. Cela suppose donc que l'entreprise s'intéresse à lui et qu'elle construise son offre à partir de ses besoins …

C comme … Communication

***

La communication est une action fondamentale dans une entreprise car elle permet de faire savoir au monde extérieur ce qu'elle fabrique ou ce qu'elle propose comme services.

A ce titre, elle doit donc être traitée avec soin et les canaux qui sont utilisés pour transmettre ces informations doivent être choisis en fonction de la cible visée.

Par ailleurs, lorsqu'on parle de communication interne, il est nécessaire de bien comprendre qu'il s'agit là d'un moyen extrêmement efficace pour que des informations s'échangent entre les différents échelons de la hiérarchie ou entre les différents services composant l'entreprise.

La communication pour l'entreprise qu'est ce que c'est ?

Pour l'entreprise la communication est donc un moyen d'échanger des informations entre les différents salariés (communication interne), mais c'est également un moyen de maintenir et de développer une relation entre l'entreprise et son écosystème (communication externe).

La communication interne est un des outils du management, tandis que la communication externe est un des outils des commerciaux ou du marketing, mais aussi de la direction financière (vis-à-vis des banques ou des actionnaires) voire de la direction des ressources humaines vis-à-vis des syndicats ou des organisations extérieures à l'entreprise.

Cas pratique

Concernant la communication externe, le premier point à bien comprendre est que la communication s'appuie sur 4 piliers fondamentaux :

- la cible visée
- l'émetteur du message
- le contenu du message
- le media utilisé pour transmettre le message

Tout cet ensemble doit être cohérent pour être efficace. En effet, si on communique par radio pour une cible essentiellement connectée sur internet, il y a peu de chance que le message arrive à ses destinataires.

En préliminaire à toute action de communication il est donc nécessaire de bien connaître ses cibles. C'est-à-dire qui elles sont et qu'elles sont les moyens qu'elles utilisent pour recueillir de l'information.

Ensuite, il faut adapter la forme du message à sa cible : le choix du vocabulaire ou du support sont très importants. Par exemple, si la cible visée est une population de 20-25 ans, il sera sans doute important d'utiliser des supports mobiles et utiliser un vocabulaire adapté à cette tranche d'âge.

Le dernier point à ne jamais négliger est le retour d'information. En d'autres termes, la mesure de l'efficacité de la communication. En effet, communiquer est très important, mais si l'impact s'avère faible ou nul, il faut essayer de comprendre pourquoi est tester de nouveaux messages, sur de nouvelles cibles ou de nouveaux supports.

C'est en mesurant précisément l'impact de la communication sur les cibles visées qu'on pourra améliorer petit à petit son efficacité.

Alors, comment bien communiquer ?

Bien communiquer est rarement inné. Il faut beaucoup de travail, de mesures et d'analyses pour y arriver.

On a en effet trop souvent l'impression qu'un beau site web est suffisant par exemple. Mais si personne n'y va parce que personne ne sait qu'il existe, il ne sert à rien …

De même, communiquer est un travail de tous les jours car une image peut être écornée très facilement et si on ne communique pas de manière efficace et positive, on risque de voir s'effondrer des mois voire des années de communication.

Il suffit par exemple de regarder ce qui s'est passé avec certaines marques qui n'ont pas su communiquer à des moments critiques de leur existence et qui l'ont payé très cher.

De nos jours, l'information circule très vite et touche un grand nombre de personnes. C'est un immense avantage pour communiquer à moindres frais. Cependant, tout circule très vite, même les informations qui nuisent à l'entreprise. Il faut le savoir et être prêt à agir en conséquence !

C comme ... Conciliation

***

La Conciliation est une étape finalement assez peu connue de la procédure prud'homale. En effet, sauf si l'entreprise attaquée est en procédure collective, la première étape qui suit la saisine du Conseil des Prud'hommes est une audience de Conciliation lors de laquelle les parties ont la possibilité de trouver un accord amiable.

En réalité, les parties peuvent trouver un accord jusqu'au jour du jugement au fonds, mais l'audience de Conciliation permet de le rappeler.

En principe, les parties doivent être présentes lors de cette audience et leurs conseils (avocats) doivent se contenter de les assister, ce qui rarement le cas, les conseils parlant volontiers à la place de leur client …

La conciliation pour l'entreprise qu'est ce que c'est ?

La Conciliation est donc le moment de la procédure prud'homale où l'entreprise et le salarié peuvent s'entendre sur une somme permettant au salarié d'abandonner ses demandes et à l'entreprise d'en rester là.

C'est donc un moment très important car il vaut toujours mieux essayer de trouver un accord amiable plutôt que d'attendre que le Conseil des Prud'hommes tranche.

Cas pratique

Le premier point important est qu'en principe les parties sont là pour trouver un accord entre elles. En pratique, appuyées par leurs conseils respectifs, elles décident généralement d'aller au fonds et de se retrouver en audience de jugement.

Pourtant, dans bien des cas, on sent bien que si les parties mettaient un peu du leur, elles pourraient trouver un accord.

Tout dépend en fait du litige qui oppose le salarié à son employeur. S'il s'agit d'un litige portant sur des faits peu contestables (heures non payées, mauvaise convention collective appliquée, etc.), les parties peuvent trouver un terrain d'entente qui finalement tend à régulariser les erreurs passées.

En revanche, dans le cas de litiges plus lourds ou plus douteux (heures supplémentaires non payées, harcèlement, licenciement abusif, etc..), il est très rare que les parties réussissent à se mettre d'accord. C'est généralement le cas lorsque le litige qui oppose les parties a été trop loin et que la situation a atteint un point de non retour …

Le second point sur lequel on n'insiste pas assez, est que l'audience de Conciliation est aussi là pour rappeler aux parties qu'elles peuvent trouver un accord jusqu'à la date de l'audience de jugement. En d'autres termes, même si un accord n'a pas été trouvé le jour de la Conciliation, il peut exister plus tard. Dans ce cas les parties doivent avertir le Greffe du Conseil des Prud'hommes qui va ensuite enregistrer l'accord et le rendre officiel.

En pratique toutefois, on sent bien que parfois, ce sont les conseils des parties qui les freinent, sans doute parce qu'ils considèrent que, par principe, l'entreprise n'a pas à donner quoi que ce soit à son salarié ou que le salarié étant dans son droit, il n'a pas à toucher moins que ce qu'il pourrait recevoir …

Alors, comment bien gérer la Conciliation?

Pour bien gérer une Conciliation, la première chose que l'employeur doit faire est de regarder les faits qui sont reprochés par le salarié de la manière la plus objective possible. En effet, sachant qu'il n'y a de pire sourd que celui qui ne veut entendre, l'employeur qui reste buté sur sa position ne trouvera jamais de solution en Conciliation.

Ensuite, il faut être capable de faire preuve d'humilité. Si cela est a priori dégradant pour des questions de principe encore une fois (« je ne veux pas perdre la face », « si je lâche pour lui, tous les autres vont s'engouffrer dans la brèche … », etc.), c'est pourtant l'attitude qui s'avère la plus payante à terme.

Enfin, si les faits qui sont reprochés à l'employeur sont manifestement exagérés ou faux, il y a toujours le moyen de faire passer le message à son salarié par l'intermédiaire des avocats, qu'on dispose des preuves que les demandes sont injustifiées. En principe, l'avocat du salarié tentera de trouver une solution amiable pour éviter un jugement où son client sera débouté de toutes ses demandes.

C comme ... Conseil

***

Dans une entreprise, le conseil est souvent assimilé à un consultant extérieur ou à un professionnel exerçant dans le domaine du droit ou de l'expertise-comptable. Pour faire simple, le conseil est donc une personne non salariée de l'entreprise qui intervient de manière ponctuelle pour traiter un sujet particulier.

Mais le mot de conseil peut aussi être pris dans son sens commun, à savoir cet ensemble d'informations destinées au dirigeant afin de l'aider dans la direction (voire la gouvernance) de son entreprise. Il peut alors s'agir de conseils sur un sujet très précis comme une embauche, un investissement, un choix d'orientation, etc..

Dans tous les cas, l'entreprise a besoin de conseils car le dirigeant n'est pas omniscient.

Le conseil pour l'entreprise qu'est ce que c'est ?

Le conseil est donc, comme il a été dit plus haut, soit une information, soit une personne.

Dans les deux cas, cela permet au chef d'entreprise de prendre une décision avec beaucoup plus de données qu'il n'en aurait eues s'il avait été seul. A ce titre, le conseil est donc une nécessité pour l'entreprise, qu'elle soit en bonne santé ou en difficulté.

Cas pratique

Le premier type de conseil qui est nécessaire à l'entreprise est son avocat. Mais cet avocat qui a souvent un lien personnel avec le dirigeant doit être vu comme un médecin référent. C'est-à-dire que suivant les besoins il devra orienter son « client » vers des avocats spécialisés (droit social, droit des affaires, etc..). C'est un point sur lequel il faut être vigilant car la tentation est forte de ne faire travailler que son avocat habituel, avec le risque d'être déçu.

Le second type de conseil est l'expert-comptable qui intervient en principe plus fréquemment puisque c'est lui qui doit préparer les comptes de l'entreprise et éventuellement réaliser les situations comptables.

Il peut également intervenir dans la mise en place de tableaux de bord mais aussi intervenir comme conseil pour ce qui a trait aux aspects fiscaux de l'entreprise.

Le troisième type de conseil est le consultant intervenant pour améliorer l'organisation de l'entreprise. Ce type d'intervention peut être ponctuel et consister en un audit et en une liste d'actions à réaliser, ou bien être plus long en suivant la mise en place des recommandations qui ont été faites suite à l'audit.

Dans le premier cas, on a affaire à des consultants classiques tandis que dans le second cas, on a plutôt affaire à des consultants indépendants qui ont des missions de type DAF ou DRH partagé, c'est-à-dire qu'ils ne passent pas tout leur temps dans l'entreprise, mais sont à temps partiel.

Il existe également d'autres types de conseils qui interviennent plus ponctuellement dans l'entreprise comme les conseils en communication, en mutation numérique, etc.. Ces conseils sont en fait assimilables à des consultants mais qui sont capables de mettre des solutions concrètes en place dans des domaines très précis.

Alors, comment bien gérer son Conseil ?

Pour bien gérer son conseil, la première règle est de suivre son instinct : la relation qui va exister entre le chef d'entreprise et le conseil conduisant à des actions engageant l'entreprise, il est nécessaire qu'il existe une relation de confiance entre les parties.

Ensuite, il ne faut pas hésiter à demander au conseil qui va intervenir de bien définir son domaine d'intervention. Il faut en effet se méfier de celles ou ceux qui savent tout faire et qui peuvent intervenir à tous les niveaux. Le risque est qu'ils se dispersent et ne soient donc pas efficaces.

Enfin, il faut s'assurer que le conseil sait travailler en équipe car il va intervenir dans l'entreprise et devoir interagir avec le personnel salarié. Il va devoir leur demander des informations et, éventuellement, proposer des choses. Tout cela ne pourra se faire que si le conseil sait communiquer avec les personnes en place, tout en restant dans son rôle d'intervenant extérieur.

Là encore ; le savoir-faire ne suffit pas, le savoir-être est aussi important …

C comme … Conversion

****

La conversion est le processus qui conduit une personne à adhérer à une nouvelle croyance.

Dans le cas de l'économie, la conversion a un sens similaire dans ce sens où c'est le processus qui va conduire une personne ou une entreprise à devenir cliente, c'est-à-dire à adhérer à la proposition de valeur de l'entreprise qui fournit le produit en question.

La conversion est l'étape intermédiaire entre l'acquisition (capture du prospect) et la rétention (le client revient régulièrement).

La conversion pour l'entreprise qu'est ce que c'est ?

Pour l'entreprise, la conversion est une étape fondamentale car elle signifie concrètement que le prospect est devenu un client en réalisant un acte d'achat.

De manière pratique, cela signifie que vous disposez désormais d'un client et de revenus. Donc, au moins une personne a trouvé que votre produit ou votre service correspondait vraiment à ses attentes, ce qui n'est pas rien.

Fort de ce premier succès, il va maintenant falloir convertir davantage de personnes ou d'entreprises à acheter votre produit et ainsi augmenter votre taux de conversion qui est le ratio entre le nombre de clients et le nombre de prospects, autrement dit le nombre de clients ayant acheté sur le nombre de personnes venues vous rendre visite.

Cas pratique

La première chose à comprendre est que vous ne pouvez convertir que des prospects acquis. En d'autres termes, vous ne pouvez convertir des prospects en clients que si vous disposez déjà de prospects.

C'est donc la raison pour laquelle le taux de conversion est une chose mais le nombre de clients en est une autre : dans l'absolu, il vaut mieux avoir un taux de conversion de 5% pour une base de prospects de 1 000 personnes plutôt qu'un taux de conversion de 20% pour une base de prospects de 100 personnes.

En effet, plus vous disposerez de clients, donc de prospects convertis, plus votre chiffre d'affaires sera élevé et plus vous aurez de chances de passer votre point mort, montant du chiffre d'affaires au-dessus duquel votre activité devient profitable.

Mais ceci doit être pondéré par un autre facteur qui est le type de produit que vous vendez et son prix de vente unitaire. Ainsi, si vous vendez des bateaux à 100 k€ pièce et que vous avez 10 prospects et 5 clients par an, vous avez un taux de conversion de 50% pour un CA moyen de 500 k€. Le raisonnement sur le taux de conversion doit donc être fait sur des activités comparables à la vôtre.

L'autre point à bien surveiller est l'évolution de ce taux de conversion car votre activité s'inscrivant en principe dans la durée, vous devez vous assurer que votre taux de conversion va être au moins stable ou idéalement en croissance.

Pour augmenter votre taux de conversion, il va falloir que vous identifiiez des prospects les plus qualifiés possibles, c'est-à-dire qui correspondent a priori le mieux à votre cible. D'où l'importance de la définition de vos segments de clientèle et des canaux par lesquels vous allez entrer en contact avec eux.

Alors, comment avoir un bon taux de conversion ?

La première chose à faire est de cibler correctement votre base de prospects car c'est dans cette base que vous allez trouver vos futurs clients.

Ensuite, vous devez tout mettre en œuvre pour convaincre ces prospects qu'ils sont au bon endroit et qu'ils peuvent donc acheter vos produits.

Enfin, vous devez analyser les raisons qui ont poussé ces prospects à devenir clients et celles qui les ont fait partir de chez vous sans achat. Le but de cette analyse étant de vous permettre d'améliorer sans cesse votre taux de conversion …

C comme ... Crowdfunding

***

Le crowdfunding, aussi appelé financement participatif est un procédé de financement des entreprises assez ancien.

Cependant, internet permet aujourd'hui de connecter un grand nombre de personnes instantanément ce qui rend ce mode de financement très performant.

C'est une très bonne alternative aux financements bancaires classiques dans la mesure où non seulement les investisseurs agissent le plus souvent parce qu'ils adhèrent au projet à financer mais encore les circuits de décision sont beaucoup plus courts.

Le Crowdfunding pour l'entreprise qu'est ce que c'est ?

Il existe schématiquement 3 grandes familles de crowdfunding :

- le crowdfunding classique où ceux qui mettent de l'argent dans le projet n'attendent pas de retour financier mais reçoivent en contrepartie une récompense de la part de l'entreprise financée
- l'equity crowdfunding où ceux qui mettent de l'argent dans le projet entrent au capital de l'entreprise et y détiennent donc des parts
- le crowdlending où ceux qui mettent de l'argent dans le projet le font sous la forme d'un prêt qui leur est ensuite remboursé avec des intérêts.

Selon le type de projet à financer ou selon la typologie de votre entreprise, correspondra donc un mode de financement participatif adapté.

Cas pratique

La première chose à faire est de bien définir les contours de votre projet. S'agit-il d'un investissement ? S'agit-il du lancement d'un nouveau produit ? En effet, selon le type de financement recherché certaines plateformes seront plus adaptées.

Par exemple, le crowdfunding classique correspond plutôt à des projets créatifs ou à des nouveaux produits. Si vous venez de créer un nouvel accessoire ou que vous souhaitez lancer une nouvelle ligne de vêtements, ce mode de financement est fait pour vous.

Les plates-formes les plus connues pour ce mode de financement sont Kickstarter aux USA ou Ulule et KissKissBankBank en France.

Si maintenant vous avez un projet plus ambitieux, qui nécessite quelques centaines de milliers d'euros d'investissement, il vaudra mieux vous tourner vers des plates-formes d'equity crowdfunding. En effet, les tickets moyens étant généralement importants, les investisseurs souhaiteront avoir leur mot à dire dans la mise en place du produit.

En France, la plate-forme la plus connue est Anaxago et elle permet de financer des projets pouvant dépasser le million d'euros …

Enfin, vous pouvez opter pour un prêt plus classique sauf que le prêteur est constitué par un groupe de prêteurs et que, même si les taux sont supérieurs à ce que vous auriez pu obtenir auprès d'une banque, les éléments à mettre en avant pour convaincre les prêteurs de vous avancer de l'argent sont complètement différents et souvent plus reliés au projet qu'à l'historique de l'entreprise …

Les deux plates-formes de ce type qui montent en France sont Tudigo et LookandFin.

Alors, comment bien gérer un crowdfunding ?

Le point commun à tous ces modes de financement est qu'ils permettent à des entreprises de recevoir de l'argent pour mettre un projet en œuvre sans passer par les banques.

Cela signifie que la relation avec les investisseurs est complètement différente et nécessite une approche nouvelle de la part de l'entreprise : elle doit convaincre sur un projet et non pas sur un historique ou des éléments purement financiers.

Par ailleurs, en cas de succès, cela signifie aussi que l'entreprise aura pu communiquer sur un produit ou une offre avant même qu'il ne sorte, lui assurant une publicité gratuite et, dans une certaine mesure, ses premiers clients …

D comme … Difficultés

***

Le terme de Difficultés pour décrire la situation d'une entreprise dans la tourmente est suffisamment vague pour recouvrir plusieurs états qui vont de la simple tension de trésorerie à la procédure collective comme le Redressement Judiciaire.

Pourtant, même si ce mot est général, il n'est utilisé que lorsque l'entreprise connaît des problèmes importants ou qui vont le devenir.

C'est pourquoi, lorsqu'on commence à utiliser ce terme pour décrire la situation de son entreprise, il est temps d'agir au plus vite pour éviter que la situation ne dégénère et devienne ingérable.

Les Difficultés pour l'entreprise qu'est ce que c'est ?

Personnellement, je regroupe les difficultés qu'une entreprise peut rencontrer en cinq catégories : les difficultés financières, les difficultés sur le plan social, les difficultés sur le plan de l'organisation, les difficultés d'ordre stratégiques et les difficultés structurelles.

La caractéristique de ces familles de difficultés est que si rien n'est fait, le fait qu'une entreprise en connaisse une va finir par en entraîner une autre voire plusieurs autres.

Ainsi, une difficulté sociale peut entraîner un prud'homme qui va avoir un impact financier lourd sur l'entreprise en cas de perte du procès et peut remettre en cause l'organisation.

Il est donc très important non seulement d'identifier les difficultés qui arrivent et de les traiter au plus vite.

Cas pratique

En pratique, les difficultés auxquelles fait face une entreprise, quelles que soient leur nature, sont toujours le symptôme d'un dysfonctionnement. Un peu comme le fait d'avoir de la fièvre est la conséquence d'une attaque du corps par un virus ou une bactérie.

Il faut donc savoir écouter son entreprise et surtout mesurer en permanence son état et ses différents paramètres et les comparer avec ce qu'ils devraient être si tout fonctionnait correctement. Comme j'ai réparti les difficultés en cinq catégories, cela signifie qu'il va falloir mettre en place cinq familles d'indicateurs qui seront ensuite regroupés dans un tableau de bord unique et synthétique.

Pour les difficultés financières, rien de tel qu'une mesure de la marge et du résultat d'exploitation ainsi que la trésorerie courante de l'entreprise. Si la trésorerie commence à diminuer, cela signifie que le Besoin en Fonds de Roulement est supérieur au Fonds de Roulement et si on continue comme cela, on va droit vers la cessation des paiements …

Pour les difficultés sociales, on peut par exemple mesurer l'absentéisme des salariés, le nombre de conflits internes, etc. Ce sont souvent des signes avant-coureurs de difficultés sur le plan social à venir.

Pour les difficultés d'organisation, il faut mesurer l'efficacité des équipes et mesurer les pertes d'informations dans les échanges.

Pour les difficultés stratégiques, la mesure du carnet de commande, des appels entrants ou du chiffre d'affaires permet de mesurer si l'entreprise dispose toujours d'un marché en croissance.

Pour les difficultés structurelles, la mesure des frais fixes permet de s'assurer qu'il n'y a pas de dérive et que ces charges sont toujours maîtrisées.

Alors, comment traiter les Difficultés en entreprise ?

La seule règle à suivre est celle de l'anticipation.

Le fait d'avoir des tableaux de bord pertinents permet de mesurer les éventuelles dérives et d'y apporter au plus tôt les actions correctives nécessaires.

En effet, plus une difficulté est identifiée et traitée tôt, moins ses effets seront Importants !

D comme … Digital

***

Le digital est partout … Pourtant qui sait vraiment ce que ce mot recouvre et surtout, qui sait dire comment l'entreprise peut l'appréhender ?

Il faut donc commencer par définir ce mot qui n'est guère que la version actuelle d'une notion des années passées qui avait été mise sous le vocable NTIC (Nouvelles Technologies de l'Information et de la Communication).

Depuis le temps, la technologie n'est plus nouvelle et surtout, les acteurs du marketing et l'apparition des réseaux sociaux et des smartphones et autres tablettes ont révolutionné cette notion.

Le Digital pour l'entreprise qu'est ce que c'est ?

Concrètement, pour l'entreprise, le digital est un élément qui est venu agrémenter son écosystème.

Cependant, le digital a une caractéristique particulière qui est que non seulement il impacte directement les relations que l'entreprise a avec le monde extérieur, mais il a également des conséquences sur le fonctionnement interne de l'entreprise.

On peut en penser ce qu'on veut, être pour ou contre, le digital est là. Il y aura donc les entreprises qui sauront l'apprivoiser et les autres …

Cas pratique

En pratique, comme le disait un analyste du cabinet PwC, la question n'est pas d'avoir une stratégie digitale, mais bien quelle stratégie adopter dans un monde qui est digital.

Le monde est digital car beaucoup d'entreprises, des centaines de millions, voire des milliards d'individus utilisent leur téléphone pas uniquement pour téléphoner et Google nous a habitué à disposer instantanément, chez soi, gratuitement, des informations que nous recherchons.

Or ces gens sont les clients des entreprises, soit directement dans le cas du B2C, soit parce qu'ils sont dans une entreprise qui est en relation avec une autre entreprise (B2B). Et ces gens sont désormais habitués à disposer des informations qu'ils veulent quand ils le veulent et où ils le veulent.

En d'autres termes, le client a repris la main !

Face à cela, on peut classer les outils dont dispose une entreprise pour adapter sa stratégie au monde digital qui l'entoure en 4 familles :

- les applications mobiles, qui permettent à l'utilisateur de réaliser un grand nombre d'opérations depuis un objet portable
- les réseaux sociaux, qui permettent à l'entreprise d'entrer en relation directe avec ses clients afin d'interagir avec eux (et pas de vendre comme on le croit souvent)
- le marketing de contenu, qui est une approche consistant à offrir du contenu à ses clients ou visiteurs pour se créer une image d'expert et donc augmenter ses ventes

- les sites web, qui peuvent aller de simples cartes de visite électroniques à des boutiques en ligne (e-commerce) voire des places de marché complètes

Le choix d'outils est donc vaste et il n'est pas question pour une PME de tous les mettre en œuvre. Il faut au préalable définir sa stratégie et, ensuite, utiliser les outils qui permettront à cette dernière d'être pleinement efficace et profitable dans le monde digital qui entoure l'entreprise.

Alors, comment traiter le Digital en entreprise ?

Le digital ne doit pas être un sujet de tabou ou rejeté au prétexte qu'il s'agit d'un « truc de jeunes ».

De même, le digital ne peut se réduire à un site web. Combien de personnes pensent que le fait d'avoir un site va suffire ? C'est exactement comme si on vendait une voiture à une personne alors qu'elle n'a pas le permis, qu'il n'y a pas de routes et qu'elle n'a pas d'essence … Elle peut avoir a plus belle (et la plus chère) voiture du monde, cela ne lui servira à rien !

Le digital doit être traité comme une opportunité de se développer là où les autres ne sont pas encore car, il ne faut pas l'oublier, les outils dont il a été parlé plus haut (réseaux sociaux, sites, etc.) permettent à n'importe quelle entreprise d'être visible depuis n'importe où par un nombre incalculable de personnes. Tout l'enjeu est de les intéresser …

D comme ... Délégués du Personnel

***

Depuis 1936, une entreprise qui a plus de 10 employés est tenue de disposer de Délégués du Personnel (DP dans le vocabulaire courant) qui vont représenter les salariés de l'entreprise. Ces Délégués du Personnel sont élus par le personnel et ont un mandat qui dure 4 années. Ce sont les interlocuteurs privilégiés du chef d'entreprise qui est tenu de les informer de certaines décisions lors de réunions qui doivent se tenir au moins une fois par mois. Mais les Délégués du Personnel sont également des personnels protégés ce qui signifie que s'ils sont licenciés, il est nécessaire de suivre certaines règles.

Les DP qu'est ce que c'est ?

Les Délégués du Personnel ou DP sont des salariés élus par leurs collègues pour les représenter auprès de la direction de l'entreprise. Ils peuvent être soit indépendants ou dépendre de syndicats. Dans tous les cas, préalablement à leur élection, le chef d'entreprise doit prévenir les instances syndicales officielles qui pourront alors proposer leur candidat au poste de DP.

Leur rôle est de s'assurer que le droit du travail est respecté dans l'entreprise mais également de se substituer au comité d'hygiène, de sécurité et des conditions de travail (CHSCT) si celui-ci n'existe pas en tant que tel.

Cas pratique

Il est très important de se souvenir que les DP doivent disposer des moyens nécessaires à l'exercice de leur mandat. Ainsi, la direction de l'entreprise doit leur fournir un exemplaire à jour de la convention collective de laquelle dépend l'entreprise, et doit les autoriser à consulter le registre du personnel. Elle doit également leur mettre à disposition un panneau d'affichage ainsi qu'un local.

Le rôle des DP dépend des relations qui existent entre le chef d'entreprise et ses salariés. Mais en pratique, les DP sont là pour représenter les personnels de l'entreprise et faire remonter à la direction toutes leurs demandes. Ils sont également là pour être consultés lors de licenciements économiques, sur la durée du travail ou encore la formation professionnelle.

Les DP sont également les interlocuteurs privilégiés de l'Inspection du Travail. A ce titre, ils accompagnent les Inspecteurs du travail lors de leurs visites dans l'entreprise et peuvent saisir ces derniers s'ils l'estiment nécessaire.

Dans les entreprises de moins de 50 salariés, les syndicats représentatifs, s'ils existent, peuvent choisir un DP pour être délégué syndical.

En ce qui concerne l'exercice de leur mandat, les DP d'une entreprise de moins de 50 salariés disposent d'un crédit de 10 heures qui sont considérées comme du temps de travail effectif et donc payées normalement. Sachant que les heures passées en réunion avec la direction ne sont pas prises en compte.

Enfin, les DP peuvent circuler librement dans l'entreprise et discuter avec le reste du personnel pendant leurs heures de délégation.

Alors, comment gérer l'existence de DP ?

Les DP sont des interlocuteurs privilégiés pour l'employeur. En mettant en place des points réguliers avec les DP, l'employeur pourra disposer de remontées d'informations régulières en provenance de la base de son entreprise, qui pourront être recoupées avec celles dont il dispose par son encadrement.

Symétriquement, il peut et doit utiliser les DP pour faire passer des messages au reste du personnel comme par exemple, la mise en place de nouveaux horaires. Il peut être très utile de disposer d'un relais qui récoltera les avis de tout le personnel et qui saura expliquer à ce dernier les actions qui vont être mises en place.

De la même façon, si les DP sont traités avec respect et confiance, ils sauront être des supports efficaces lorsque l'entreprise rencontre des difficultés ou qu'elle doit subir la visite d'Inspecteurs du Travail.

D comme … Due Diligence

✷✷✷

Les Due Diligence représentent l'ensemble des vérifications et des contrôles qu'un acquéreur potentiel va réaliser ou faire réaliser sur une entreprise qu'il a l'intention d'acquérir.

Ces vérifications sont généralement faites sous la forme d'audits qui peuvent être réalisés sur place ou sur la base de documents fournis par le vendeur. Elles sont censées couvrir l'ensemble des aspects de l'entreprise : comptable, financier, industriel, juridique, etc..

Les Due Diligence pour l'entreprise qu'est ce que c'est ?

Lorsque vous cédez votre entreprise, vous devez répondre à toute une série de questions sur la société qui sont censées éclairer l'acquéreur potentiel et surtout le convaincre qu'il a tous les éléments en main pour pouvoir reprendre l'entreprise sans découvrir de « cadavres dans le placard » ultérieurement.

Lorsque vous reprenez une entreprise, vous avez intérêt à disposer du maximum d'éléments pour éviter les mauvaises surprises car même si l'opération de reprise est assortie de la mise en place d'une garantie d'actif-passif qui est là pour couvrir l'acquéreur en cas de problème, il est toujours plus intéressant de savoir réellement ce qu'on va acquérir avant.

Cas pratique

Les Due Diligence sont (trop) souvent limitées à deux aspects : la comptabilité et le juridique. En effet, pour la plupart des gens, ce qui compte c'est que la situation comptable soit conforme et qu'il n'y ait pas de problème du type instance prud'homale en cours, risque sur un contrat ou encore litige avec un fournisseur.

Ces deux aspects sont effectivement fondamentaux mais il ne faut jamais perdre de vue que ces documents sont généralement rédigés par des personnes qui ont mis en forme et synthétisé des informations fournies par le dirigeant …

Ainsi, si un stock est surévalué par le vendeur, le comptable n'a aucun moyen de le savoir car il n'a pas réalisé lui-même un audit sur place. D'ailleurs, quand bien même il l'aurait fait, n'étant pas un spécialiste, il peut ne pas se rendre compte de la vraie valeur dudit stock.

Il est donc très important que les Due Diligence sur ces aspects soient faits par des personnes connaissant a minima le secteur d'activité de l'entreprise car cela va leur permettre de savoir où regarder.

Mais au-delà de ces aspects comptables et juridiques, il y a également les aspects réglementaires, sociaux et macro-économiques qui sont aussi, sinon plus importants, à regarder.

En effet, la réglementation peut évoluer et ce qui était possible à une époque peut ne plus l'être demain. Alors acheter une entreprise qui ne pourra plus vendre quoi que ce soit demain n'a pas d'intérêt et il vaut mieux le savoir avant …

L'autre point important concerne le volet social : quelle est la pyramide des âges ? Y a-t-il des personnes clefs qui vont partir après le rachat ?

Quelle est l'ambiance au sein de l'entreprise ? Ces questions sont très importantes car sans ses ressources humaines clefs, une entreprise ne vaut pas grand-chose …

Enfin, le dernier point à regarder est celui du contexte macro-économique : le secteur dans lequel évolue l'entreprise à reprendre est-il en croissance ou non ? Subit-il des mutations importantes ? S'il y a des investissements importants à réaliser, il faut l'anticiper.

Alors, comment gérer les Due Diligence ?

Si vous voulez acquérir une entreprise, vous ne devez pas vous contenter de lire les bilans ou les prévisionnels et regarder le rapport juridique qui vous indique qu'il n'y a pas de procès en cours.

Les Due Diligence doivent couvrir un spectre le plus large possible allant des évolutions dans le secteur d'activité de l'entreprise à son organisation interne.

C'est à cette condition seulement que vous aurez une vision complète de l'entreprise dont vous comptez faire l'acquisition.

E comme ... Ecosystème

* * *

La notion d'écosystème est âgée d'environ 80 ans et si elle est née dans le monde de la biologie, elle peut parfaitement s'adapter à l'entreprise. Ne dit-on pas en effet que l'entreprise est une entité vivante ?

Partant de ce postulat, il est intéressant de regarder ce que cette notion nous apprend et comment on peut en tirer des enseignements pratiques pour l'entreprise.

L'écosystème de l'entreprise qu'est ce que c'est ?

L'écosystème étant ce qui définit les réseaux d'échange entre l'organisme et son milieu, qui lui permettent de rester en vie et de se développer, on comprend tout de suite comment appliquer ceci à l'entreprise.

Son écosystème est ainsi constitué de ce qui lui permet de financer ses besoins, de fabriquer ses produits, de développer ses services, de ses clients, ou encore de ce qui lui permet de rester en conformité par rapport à l'environnement normatif dans lequel elle évolue.

Cas pratique

Tout d'abord, pour exister une entreprise a besoin de clients dans la mesure ou la raison d'être d'une entreprise est de fournir des biens et des services à des personnes physiques ou morales. Une entreprise doit donc identifier et connaître à quels clients elle doit s'adresser pour vivre et se développer.

Ensuite il faut concevoir, fabriquer, développer et distribuer ces produits. Pour cela, l'entreprise a besoin de ressources humaines. Ses salariés, ses partenaires ou fournisseurs sont donc le deuxième élément de son écosystème. Ainsi, une entreprise isolée géographiquement aura davantage de mal à se développer que si elle se situe dans un bassin d'emploi lui proposant ces ressources en grande quantité.

Mais les relations que l'entreprise a avec ses clients et ses ressources humaines et fournisseurs ne peuvent se faire sans échange d'argent. Elle va en effet avoir besoin de financements pour exister, financer son besoin en fonds de roulement voire se développer. Le troisième élément, l'engrais, est donc le financement de l'entreprise.

Enfin, les entreprises évoluent dans un environnement normatif qui ne cesse de bouger. Selon l'activité de l'entreprise, le non-respect de ces normes peut tout simplement la conduire à sa fin. Il est donc très important de disposer de ressources permettant de gérer cet environnement juridique. Que ce soient les avocats, les experts-comptables ou encore les conseils spécialisés, ils sont nécessaires au bon fonctionnement de l'entreprise.

Alors, comment gérer son écosystème ?

Pour rester simple, une entreprise a besoin de clients, de ressources humaines, de matière première, de fournisseurs, de financeurs et de conseils pour pouvoir vivre correctement et se développer.

Toutes ces ressources constituent son écosystème.

Avant de démarrer, il faut donc s'assurer que tous ces postes seront pourvus et il faudra les chiffrer pour savoir si oui ou non les revenus générés par l'activité de l'entreprise couvriront les dépenses correspondantes.

Cela est également vrai pour une entreprise existante qui souhaite se développer. En effet, que ce soit sur de nouveaux produits ou dans un nouveau pays, il sera nécessaire au préalable d'étudier l'écosystème correspondant. Un peu à l'instar d'une personne souhaitant planter un arbre dans son jardin, il va d'abord falloir connaître quelles sont les conditions nécessaires à la vie de cet arbre dans ce nouvel environnement et s'assurer qu'elles sont remplies, faute de quoi l'arbre non seulement ne se développera pas, mais finira par mourir.

E comme ... Embauche

***

L'embauche d'un salarié dans une entreprise est l'acte qui consiste à initier une relation contractuelle entre deux parties : l'employeur représentant l'entreprise et le salarié.

Par ce contrat, le salarié va devoir exécuter certaines tâches à la demande de son employeur et recevoir en contrepartie une rémunération.

L'embauche est donc un acte important pour l'entreprise car elle l'engage.

Embaucher dans l'entreprise qu'est ce que c'est ?

Concrètement, pour l'entreprise cela signifie qu'elle ajoute une personne à ses effectifs et qu'elle va donc devoir assumer financièrement la charge financière qui en découle. En principe cette charge financière est compensée par la valeur créée par le salarié ce qui permet à l'entreprise de ne pas dégrader sa situation économique.

En contrepartie, dans la mesure où l'embauche d'un salarié le lie à l'entreprise, cela signifie qu'en cas de baisse d'activité dans l'entreprise, l'employeur devra suivre une procédure précise pour se séparer du salarié.

Cas pratique

Tout d'abord, il faut être conscient du fait qu'embaucher un salarié engage l'entreprise. Qu'il s'agisse d'un Contrat à Durée Déterminée ou

Indéterminée, l'embauche du salarié va conduire à son arrivée au sein du personnel de l'entreprise.

Cela signifie que cette embauche doit être préparée et anticipée au mieux afin de permettre au reste du personnel de s'y préparer. Il ne s'agit pas en effet de mettre l'ensemble du personnel face au fait accompli et leur imposer la présence d'une personne.

L'embauche devra par ailleurs suivre certaines règles pour être conforme : il ne s'agit pas en effet d'embaucher une personne sans la déclarer ou en refusant de la payer au motif qu'elle ne travaille pas correctement.

L'embauche engageant l'entreprise, elle doit être faite en tenant compte du futur. C'est un exercice délicat car personne n'étant devin, il est difficile de prévoir l'activité de l'entreprise dans deux ou trois ans. C'est la raison pour laquelle il existe des CDD, mais attention car l'usage de ceux-ci est réglementé.

Enfin, dans la mesure où une embauche va conduire à une charge financière supplémentaire pour l'entreprise, il est important de bien s'assurer au préalable qu'elle est vraiment nécessaire. En effet, dans beaucoup d'entreprises, les salariés en place ont tendance à demander à leur direction que des embauches supplémentaires soient faites pour leur permettre de travailler moins (c'est rarement formulé de la sorte, mais c'est souvent la raison réelle …). Avant de céder aux demandes des salariés, il est nécessaire de regarder au préalable si l'organisation de l'entreprise ne peut pas être optimisée de sorte à ce que tout le monde y trouve son compte, sans pour autant qu'une embauche soit réalisée.

Alors, comment gérer ses embauches ?

Pour bien gérer ses embauches, un chef d'entreprise va devoir d'abord commencer par regarder si elles sont vraiment nécessaires. Pour cela, il devra s'assurer au préalable que l'organisation actuelle ne peut être améliorée pour éviter lesdites embauches.

Si l'embauche s'avère nécessaire, il faudra clairement définir les missions qui seront confiées à l'embauché et bien entendu avertir les futurs collègues de la personne de l'arrivée prochaine d'un salarié.

Ensuite, et dans la mesure où une embauche conduit à la rédaction d'un contrat de travail, il conviendra de prendre le contrat le plus adapté à la situation. Par exemple, si une embauche est nécessaire pour gérer un pic de commandes, un CDD sera plus adapté qu'un CDI … Le contrat en question devant être rédigé par un professionnel pour éviter tout litige futur.

E comme … Equipe

****

Dans une entreprise la notion d'équipe est large car elle recouvre plusieurs aspects.

Dans le cas présent, celui qui nous intéresse est celui de l'équipe dirigeante. En effet, selon que le dirigeant de l'entreprise sera seul ou qu'il sera accompagné d'un ou de plusieurs associés les choses vont changer, et pas toujours comme on le pense.

L'équipe pour l'entreprise qu'est ce que c'est ?

Concrètement, on peut définir l'équipe qui constitue la tête d'une entreprise comme étant le groupe de personnes qui ont des parts dans le capital de l'entreprise. Cette participation au capital peut être prévue au moment de la création de l'entreprise mais peut arriver plus tard si un ou plusieurs salariés de l'entreprise viennent à prendre des responsabilités au sein de l'équipe dirigeante après quelques mois ou années.

Cette équipe devra être pluridisciplinaire et avoir un leader. C'est cette équation qui est sans doute la plus difficile à résoudre …

Cas pratique

Si vous êtes seul fondateur et associé de l'entreprise vous allez rapidement vous confronter à un grand nombre de tâches dont la plupart sont hors de votre domaine de compétence. Vous allez donc devoir déléguer et vous entourer de personnes réalisant ces tâches nécessaires au bon fonctionnement de l'entreprise.

Dans le même temps, cela risque d'envoyer un mauvais signal à d'éventuels investisseurs : si vous êtes seul, est-ce parce que vous n'avez pas su convaincre qui que ce soit de s'associer avec vous ? En revanche, le fait d'être seul accélère le circuit de décision puisque vous n'avez que vous à convaincre …

Si vous êtes deux, il va falloir rapidement vous répartir les rôles : à vous la technique et les RH, à votre associé le business et la communication … Et surtout, il va falloir que l'un de vous deux soit officiellement le leader car vous ne pouvez pas prendre le risque de tenir un discours qui se contredit en permanence. Et si vous avez du mal à choisir lequel de vous deux sera le leader, faites comme les deux fondateurs de Google, choisissez-en un de l'extérieur …

Si vous êtes trois, vous aurez a priori des tâches correspondant vraiment à vos domaines de compétences respectifs (technique, business development, finance, communication, management, etc..). Là encore il va falloir vous choisir un leader …

En revanche, le point positif c'est qu'une équipe de trois associés renvoie l'image d'une équipe structurée et stable. C'est selon moi, le nombre optimal d'associés au-delà duquel les décisions prennent trop de temps à être prises.

La chose vraiment importante c'est que l'équipe soit capable de faire bloc face au monde extérieur et qu'en interne elle soit capable de gérer la vie de l'entreprise dans les bons et dans les mauvais moments.

Le dernier point important est qu'une équipe ne doit nécessairement être figée. Elle peut évoluer : des associés peuvent partir, d'autres arriver. Ces mouvements doivent être gérés avec le maximum d'anticipation …

Alors, comment gérer son équipe ?

Si vous êtes le leader de l'équipe que vous avez constitué, cela ne signifie pas pour autant que vous détenez tous les pouvoirs au sein de l'entreprise. Si vous avez des associés, ils ont voix au chapitre au même titre que vous !

Par ailleurs, savoir gérer son équipe est un exercice difficile car il faut avoir anticipé un grand nombre de choses comme par exemple les objectifs personnels des autres membres de l'équipe (certains veulent vendre l'entreprise au bout de 3 ans, d'autres veulent la conserver …).

Enfin, l'entreprise est un organisme vivant et l'équipe dirigeante est son cerveau. Pour que l'entreprise fonctionne bien, il est nécessaire que les ordres qui parviennent au reste du corps soient non seulement clairs, mais cohérents entre eux. En conséquence, attendez-vous à passer beaucoup de temps à discuter et à vous assurer que tout ce qui sort de votre équipe fait l'unanimité en son sein avant d'être diffusé …

E comme ... Evangélisateurs

****

Les Evangélisateurs sont des clients particuliers de l'entreprise. Ils ont en effet une caractéristique très importante qui est qu'ils vont porter la bonne parole gratuitement tellement ils sont convaincus de la haute qualité de vos services ou de vos produits.

Ce sont des commerciaux qu'il n'est pas nécessaire de motiver et qui vont tout faire pour convaincre leur entourage de devenir vos prochains clients. Ce sont donc des personnes à choyer particulièrement et à encourager dans leur démarche …

Les Evangélisateurs de l'entreprise qui est-ce ?

Pour une entreprise il existe deux sortes d'Evangélisateurs.

Tout d'abord il y a les clients satisfaits des services ou des produits de l'entreprise au point qu'ils sont fiers d'en parler à leur proche. Ils sont en plus fiers d'avoir « découvert » ces produits ou services avant les autres, ce qui leur confère une position de supériorité.

Ensuite il y a ceux qui, sans avoir essayé l'offre proposée par l'entreprise, sont convaincus de son bien-fondé et de sa pertinence. Là aussi, ils en parlent à leur entourage en ayant le sentiment d'être le premier à savoir, ce qui est très valorisant !

Cas pratique

Avant toute chose, il faut avoir un produit ou un service sur lequel vous voudrez communiquer de manière spéciale. Autrement dit, si vous avez une dizaine de produits, choisissez-en un et mettez-le en avant. A chaque produit, son groupe d'Evangélisateurs !

Ensuite, vous devez mesurer très précisément les différents retours que vous avez sur ce produit ou ce service. Ce n'est en effet qu'en analysant finement les commentaires faits sur les réseaux sociaux ou les blogs par exemple que vous pourrez voir ce qui plaît ou ce qui ne plaît pas.

Améliorez ensuite ce qui ne va pas et faites-le savoir. En effet, un utilisateur peut faire une remarque négative car telle fonctionnalité lui déplaît, mais si vous corrigez le défaut en lui indiquant que son avis vous a permis de progresser, vous le faites participer indirectement au développement et cela va le valoriser.

En parallèle, vous devez identifier les influenceurs et faire en sorte qu'ils soient satisfaits de votre offre. Les influenceurs étant ceux dont l'avis compte et qui sont en général très courtisés par les marques.

Toutefois, ne vous focalisez pas que sur les influenceurs car, à l'instar des critiques de cinéma, ils ne font pas tout et vous pouvez avoir un véritable succès sans avoir de louanges de la part des influenceurs officiels …

Ensuite, une fois que vous avez identifiés ceux qui feraient d'excellents Evangélisateurs (parce qu'ils ont une communauté importante autour d'eux, parce qu'ils parlent bien, etc.), n'hésitez pas à les chouchouter en leur donnant des informations de première main. Le fait qu'ils sachent avant tout le monde ce qui va se passer les renforce dans cette position de supériorité !

Alors, comment gérer ses Evangélisateurs ?

Pour bien gérer ses Evangélisateurs, il faut commencer par les identifier et par s'assurer qu'ils ont autour d'eux une communauté qui correspond à vos segments de clientèle.

Ensuite, vous devez leur fournir des informations avant tout le monde pour qu'ils puissent maintenir leur position. En plus, les autres sachant cela, ils iront les voir pour obtenir des informations inédites sur votre produit ou votre service, ce qui va contribuer à les maintenir au-dessus de la mêlée.

Enfin, n'oubliez jamais qu'un Evangélisateur est exigeant ! Si vous le décevez trop en vous disant qu'il vous aime tellement qu'il restera quoi qu'il advienne, vous faites erreur ! En plus, un Evangélisateur déçu mettra tout en œuvre pour rejeter la faute sur vous, tout simplement pour ne pas perdre la face … Alors méfiance !

E comme … Exercice

***

Dans une entreprise, l'exercice est la période pendant laquelle sont enregistrés tous les faits économiques qui concourent à l'élaboration de sa comptabilité.

En d'autres termes, c'est la période pendant laquelle on enregistre les revenus et les charges de l'entreprise. Ces éléments permettent, en fin d'exercice de construire deux bilans (actif et passif) et un compte de résultat. Ces documents permettent d'avoir une photographie de l'état économique de l'entreprise en fin d'exercice.

Généralement la durée de l'exercice est de 12 mois mais elle peut être modifiée sur décision des associés ou des actionnaires. Toutefois cette modification de durée d'exercice ne peut se faire qu'en cours d'exercice et pas une fois que celui-ci a été arrêté.

L'exercice de l'entreprise qu'est-ce que c'est ?

L'exercice permet donc d'enregistrer tous les faits économiques de l'entreprise. Ainsi, exercice après exercice, on peut mesurer l'évolution de l'entreprise en termes de bilans mais aussi de compte de résultat. Ce dernier en particulier permet de donner le chiffre d'affaires réalisé ainsi que le résultat net qui mesure la rentabilité de l'entreprise.

Le problème est que le temps nécessaire à la production des états comptables de l'entreprise conduit à ne présenter qu'une situation passée de l'entreprise. En d'autres termes, si on ne se contente que de ces états comptables on risque de constater une situation dégradée depuis tellement longtemps qu'il est alors difficile de redresser.

Cas pratique

La première chose à savoir est qu'on n'est pas obligé de terminer un exercice le 31 décembre de l'année. La date de fin d'exercice est définie dans les statuts de l'entreprise. Cependant, généralement, on s'arrange pour que la fin de l'exercice coïncide avec la fin d'un trimestre pour une lecture plus simple de certaines échéances sociales.

Ensuite, il faut savoir qu'on peut modifier la date de fin d'un exercice pendant que celui-ci est en cours. Par exemple, si vous entreprise voit le jour le 16 mai, vous pouvez avoir défini dans les statuts que la fin de l'exercice serait le 31 décembre de chaque année. Vous pouvez donc soit définir dans les mêmes statuts que le premier exercice sera clos le 31 décembre de l'année en cours (exercice court), soit le 31 décembre de l'année suivante (exercice long).

Mais pour des raisons pratiques vous pouvez modifier cette date de fin d'exercice alors que celui-ci est en cours. Pour cela, un simple procès-verbal d'assemblée générale (SARL, SAS, SA) ou de décision de l'associé unique (EURL ou SASU) suffit.

Enfin, il faut savoir que vous n'êtes pas obligé d'attendre la fin de l'exercice comptable pour avoir une image de l'état économique de votre entreprise. C'est même fortement déconseillé !

Vous pouvez alors mettre en place des situations comptables lors desquelles vous produirez des états comptables intermédiaires, par exemple sur une base mensuelle ou trimestrielle. Cela vous permettra de mesurer plus finement l'évolution de votre entreprise, ce qui est très important en période de difficulté.

Il est en effet plus efficace de réagir si une dégradation est constatée au bout d'un mois plutôt qu'au bout d'une année …

Alors, comment gérer ses exercices ?

Le plus efficace est de travailler la main dans la main avec votre expert-comptable en lui fournissant régulièrement les éléments dont il a besoin pour construire les bilans et le compte de résultat.

Vous pouvez également lui demander qu'il vous mette en place un suivi mensuel ou trimestriel pour que vous puissiez anticiper au plus tôt des éventuelles dégradations.

Mais tout cela devra être clarifié noir sur blanc dans la convention qui va vous lier à lui, sinon le risque est qu'il ne le fasse pas aussi fréquemment que vous le souhaiteriez.

Enfin, les états comptables produits en fin d'exercice servant dans vos relations avec les banques ou vos fournisseurs, le but est que vous en disposiez le plus rapidement possible, ce qui n'est pas toujours le cas …

F comme ... Financement

***

Une expression bien connue dit que l'argent est le nerf de la guerre. C'est sans doute la raison pour laquelle tout ce qui tourne autour du financement de leur activité est perçu par les chefs d'entreprise comme fondamental.

Le véritable problème auquel sont confrontés les dirigeants de TPE et de PME est que très souvent leur interlocuteur privilégié, à savoir leur banquier, leur fait défaut. Et évidemment, il leur fait toujours défaut au plus mauvais moment.

Or, sans financement, pas de développement possible. Et si aucun développement n'est possible, l'entreprise va rapidement sombrer.

Le financement pour l'entreprise qu'est-ce que c'est ?

Le financement de l'entreprise c'est avant tout la possibilité qui lui est offerte de pouvoir acheter de la matière première ou d'investir en dehors des revenus qui sont générés par son activité courante.

En effet, une entreprise qui a une activité bénéficiaire va gagner davantage qu'elle ne dépense. A terme, elle va donc disposer de suffisamment de réserves pour investir ou acheter ce qui lui est nécessaire pour vivre.

Le problème est qu'entre son démarrage et ce « terme », il peut se passer plusieurs mois voire plusieurs années … L'objet du financement est donc de faire le tampon !

Cas pratique

En mettant de côté les banques, car généralement elles ne financent qu'en complément d'une autre source de financement ou qu'à condition de disposer de garanties importantes, il existe plusieurs façons pratiques de financer son activité.

Tout d'abord il y a l'affacturage qui permet de d'anticiper les encaissements. Si ce mode de financement a été décrié dans le passé, c'est surtout parce que les contrats associés étaient lourds et remplis de pièges. Aujourd'hui, grâce à la technologie, des jeunes entreprises attaquent ce secteur en ayant véritablement compris les besoins des entreprises (on peut citer parmi elles Bibby Factor).

Ensuite, il y a les prêts réalisés par des plateformes mettant en relation des prêteurs et les entreprises. Celle qui communique beaucoup ces temps-ci est PretUp, mais il existe beaucoup d'autres projets qui sont en train de se développer. L'entreprise va devoir faire l'effort de « vendre » son besoin ou son projet, mais c'est finalement une démarche très positive car cela lui permettra en outre de tester son offre.

Il y a également les plateformes de crowdfunding qui ont le vent en poupe car elles permettent à tout un chacun de financer des projets nécessitant des investissements parfois importants et qui ne verraient pas le jour si les banques devaient prêter ... Anaxago, Ulule, LookandFin, figurent parmi les plate-formes françaises les plus emblématiques.

Il est aussi possible de refinancer son immobilier, mais ceci est surtout vrai pour des entreprises plus mûres car cela suppose qu'il existe un patrimoine foncier autour de l'entreprise.

Alors, comment financer son entreprise ?

Il est désormais possible de financer son entreprise sans faire appel aux banques.

Il existe toujours des solutions qui sont parfaitement adaptées aux besoins, le tout est de bien définir ses besoins et le cadre dans lequel ils pourront être exprimés pour trouver le financement adapté.

Par ailleurs, il est possible de cumuler plusieurs modes de financement car les différentes solutions qui ont été décrites plus haut ne sont évidemment pas exclusives.

Enfin, il faut savoir qu'il existe également tout un arsenal de subventions, de prêts d'honneur ou de crédits d'impôts qui peuvent venir compléter les solutions présentées plus haut. Attention toutefois à ne pas passer plus de temps à remplir les dossiers de demandes de subventions qu'à chercher des clients …

F comme … Fonds Propres

***

Les Fonds Propres d'une entreprise, appelés aussi Capitaux Propres, sont les ressources qui appartiennent à ses actionnaires, contrairement aux dettes qui appartiennent aux créanciers extérieurs.

Ils correspondent à la somme du Capital, des Réserves, du Report à Nouveau (partie des bénéfices qui n'a pas été redistribuée en dividendes) et du Résultat de l'exercice en cours.

Ils sont un des indicateurs de la robustesse financière de l'entreprise et sont donc un des paramètres clefs de l'analyse faite par un banquier.

Les Fonds Propres pour l'entreprise qu'est-ce que c'est ?

A la création de l'entreprise, ses Fonds Propres sont donc égaux à son Capital Social. Puis, exercice après exercice, ils viennent s'enrichir des autres éléments cités en introduction.

Toutefois, dans la mesure où un des éléments qui constituent les Fonds Propres est le Résultat de l'exercice en cours, ceux-ci peuvent diminuer si le Résultat est négatif. Dans certains cas, les Fonds Propres peuvent aussi devenir négatifs …

Cas pratique

Le premier point important à bien comprendre est que pour les banquiers, les Fonds Propres sont un indice de santé de l'entreprise.

En d'autres termes, des fonds propres élevés sont le signe d'une bonne santé tandis que des fonds propres faibles inquiètent.

La vraie difficulté de ce raisonnement est que les fonds propres ne sont qu'une image du passé puisque tout ce qui les constitue provient des exercices passés. Comme les banques ne regardent souvent que les bilans passés, il est logique que les Fonds Propres soient un paramètre important.

Toutefois, il ne faut pas perdre de vue que la conséquence pratique est que très souvent, le montant des prêts accordés (je parle ici des TPE et des PME) dépendra fortement du niveau des Fonds Propres. En clair, le montant sera souvent plafonné au niveau des Fonds Propres …

L'autre point à bien connaître est ce qui se passe lorsque les Fonds Propres deviennent négatifs suite à un exercice largement déficitaire. En fait, la loi prévoit que si, à l'issue d'un exercice, le niveau des Fonds Propres devient inférieur à la moitié du Capital Social de l'entreprise, soit l'entreprise peut être dissoute (ce qui est très rare), soit l'activité de l'entreprise est maintenue et elle dispose alors de 2 ans pour reconstituer les Fonds Propres de sorte à les amener à un niveau correspondant au minimum à 50% du Capital Social de l'entreprise.

Pour reconstituer les Fonds Propres, il y a plusieurs façons de procéder, mais les deux principales sont :

- la réalisation de bénéfices dans les deux exercices suivants à un niveau suffisant pour que les pertes réalisées soient compensées

- l'abandon de comptes courants d'associés avec clause de retour à meilleure fortune car les comptes courants d'associés constituent une dette de l'entreprise envers ses associés qui ont généralement fait un apport pour couvrir des pertes

Dans les deux cas, cela signifie que l'entreprise aura de toute façon été restructurée pour permettre ce rebond car on n'imagine pas un instant que la situation s'améliore spontanément.

Alors, comment bien gérer ses Fonds Propres ?

La meilleure chose à faire est de constituer son entreprise avec le Capital Social le plus élevé possible. Cela permet en effet de démarrer avec des Fonds Propres élevés et donc de rassurer les éventuels investisseurs et prêteurs, ainsi que les clients et les fournisseurs.

Tout dépend cependant de votre activité. Si vous êtes dans une activité de service, vous n'aurez pas a priori besoin de Fonds Propres importants, ce qui n'est pas le cas si vous êtes une entreprise de production.

F comme … Fonds de Roulement

***

Si on se fie à la définition officielle du Fonds de Roulement, on apprend qu'il s'agit de la différence entre les capitaux stables et les emplois durables. Il s'agit donc d'un élément qui peut se calculer à partir d'un bilan.

Or un bilan n'est édité qu'une fois par exercice ce qui rend l'interprétation de cette notion de Fonds de Roulement assez complexe.

Pourtant, partant de cette définition, il existe un autre moyen de l'estimer facilement et rapidement.

Le Fonds de Roulement pour l'entreprise qu'est-ce que c'est ?

Dans la mesure où le Fonds de Roulement est la différence entre les Capitaux permanents et les Actifs immobilisés, on peut également considérer qu'il s'agit de la différence entre les Actifs Circulants et les Dettes à Court Terme.

Cette dernière définition a ceci d'avantageux qu'elle est très simple à calculer et qu'elle peut donc être déterminée très rapidement et donc être utilisée concrètement car la connaissance du Fonds de Roulement et du Besoin en Fonds de Roulement permet de calculer la Trésorerie …

Cas pratique

Partons de la seconde définition du Fonds de Roulement qui est la différence entre l'Actif Circulant et les Dettes à Court Terme.

L'Actif Circulant est, à un instant donné, la somme des Stocks, des Encours et des Avances et Acomptes versés.

Les Dettes à Court Terme sont les dettes à moins d'un an, donc typiquement les Dettes d'emprunt court terme, les Dettes fournisseurs et les Avances reçues.

Autrement dit, imaginons que votre entreprise ait 10 000 € de Stocks, 30 000 € d'encours client et 5 000 € d'Acomptes versés, son Actif Circulant sera de 45 000 €.

Si dans le même temps, elle a 15 000 € d'Emprunts bancaires à court terme, 10 000 € de Dettes fournisseurs et 1 000 € d'Avances reçues, cela signifie que le montant de ses Dettes sera de 26 000 €.

En conséquence, son Fonds de Roulement sera de 45 000 − 26 000 = 21 000 €.

Physiquement, cela signifie qu'elle dispose de 21 000 € à un instant donné pour fonctionner.

Or la Trésorerie est la différence entre le Fonds de Roulement et le Besoin de Fonds de Roulement. Donc si pour fonctionner votre entreprise a besoin de plus de 21 000 € à un moment donné (pour payer des charges sociales par exemple), cela signifie qu'elle va se retrouver avec une Trésorerie négative, ou, plus exactement, qu'elle va devoir utiliser ses économies ou si elle n'en a pas, contracter un prêt auprès d'une banque ...

Tout l'enjeu est donc d'essayer d'avoir le Fonds de Roulement le plus élevé possible, c'est-àdire d'avoir l'Actif Circulant le plus haut possible et les Dettes les plus basses possibles …

Attention toutefois, car avoir un Actif Circulant élevé est une bonne chose, mais si cela signifie avoir des Encours clients ou des Stocks importants, cela pose un problème à termes car concrètement c'est de l'argent qui n'est pas dans l'entreprise et qu'il faudra récupérer un jour ou l'autre …

Alors, comment bien gérer son Fonds de Roulement ?

Le Fonds de Roulement est important à suivre car il permet de déterminer, grâce à la connaissance du Besoin en Fonds de Roulement, le besoin en trésorerie que cela va nécessiter.

Evidemment, le plus simple est quand même d'essayer d 'anticiper en définissant plusieurs hypothèses d'Actifs Circulants car si vous ne déterminez votre Fonds de Roulement et votre BFR que pour constater que vous avez besoin de trésorerie, cela ne sert pas à grand-chose …

Cette valeur doit donc être calculée et estimée fréquemment pour mesurer la tendance qui se dégage et surtout anticiper vos besoins en financement.

F comme ... Freemium

***

Le freemium est la contraction de « free », pris au sens de gratuit et de « premium », qui signifie en gros haut-de-gamme, privilégié.

Il s'agit d'un modèle économique qui combine une offre gratuite et une offre privilégiée qui est elle payante. En fait, il s'agit d'un modèle où on commence par offrir un produit ou un service avec quelques fonctionnalités et si l'utilisateur veut davantage de fonctions, il doit payer.

Tout l'enjeu du modèle étant de donner envie à l'utilisateur qui ne paie rien, de payer quelque chose pour utiliser davantage de fonctionnalités.

Le Freemium pour l'entreprise qu'est-ce que c'est ?

Le cas typique du service proposé en mode freemium est une suite logicielle qui est gratuite pour certaines fonctions et pour laquelle toutes les fonctions ne sont accessibles qu'en payant. Ou bien une application qui offre un espace de stockage de 5 Go mais qui facture quelques euros par mois l'usage d'un espace plus important.

Pour autant, le modèle du freemium n'est pas réservé qu'aux entreprises évoluant dans le monde d'internet. Il est parfaitement possible de proposer des produits avec ce business model dans le monde du brick and mortar.

Cas pratique

Prenons par exemple, une entreprise réalisant des audits pour le compte d'autres entreprises. On peut parfaitement imaginer un audit qui soit gratuit mais si le client souhaite avoir un rapport détaillé, il doit payer une certaine somme. On retrouve le principe du freemium puisque la prestation de base est gratuite, tandis que la prestation à valeur ajoutée est quant à elle payante.

On peut même aller plus loin encore en imaginant par exemple que la fourniture d'un produit est gratuite mais que son installation est payante. Le prix de vente de l'installation couvrant évidemment le coût de la fourniture et offrant en plus de la pose des services annexes comme une garantie.

Le principe général qui permet à ce modèle de fonctionner est que le client doit être tellement satisfait de la partie gratuite de l'offre et que les caractéristiques de la partie payante sont tellement impressionnantes qu'il est prêt à payer pour l'avoir !

Cela signifie donc que l'entreprise doit être irréprochable sur la partie gratuite de l'offre et parfaite sur sa partie payante. C'est un défi important car pour la plupart des gens, ce qui est gratuit n'a pas de valeur … Il faut donc réussir à démontrer que même la partie gratuite de l'offre a de la valeur.

L'autre exercice parfois compliqué à réaliser est celui qui consiste à ne pas donner trop de choses gratuites sinon les utilisateurs s'en contenteront et n'adhèreront jamais à l'offre payante ! C'est la raison pour laquelle les offres payantes doivent apporter une vraie valeur ajoutée par rapport à l'offre gratuite.

Une dernière astuce consiste à proposer la partie payante de l'offre sur la base d'un abonnement sans engagement. En effet, cela limite le montant que l'utilisateur doit payer pour avoir accès à l'offre payante et donc le freine moins et ce qui va également lui faire sauter le pas, c'est le fait qu'il n'y a pas d'engagement, il pourra donc arrêter quand il le voudra. Sauf qu'en pratique, il n'arrêtera pas …

Alors, comment bien gérer son offre Freemium ?

La mise en place d'une offre basée sur le modèle freemium ne s'improvise pas car elle est le fruit d'un équilibre pas simple à atteindre entre une partie gratuite et une partie payante.

Comme l'objectif de l'entreprise est d'avoir le plus grand nombre possible de personnes adhérant à la partie payante de l'offre, celle-ci va devoir démontrer que cette partie payante a de la valeur et que ce qu'elle apporte justifie qu'on paie pour cela.

Ensuite, il ne faut jamais oublier que même la partie gratuite doit apporter quelque chose de réellement positif sinon personne ne voudra y adhérer et encore moins payer pour le reste !

F comme ... Frugalité

***

Le principe général de la frugalité est de faire mieux avec moins. Cette notion, qui est très en vogue dans les pays en voie de développement où les ressources disponibles sont faibles, peut parfaitement être utilisée dans nos entreprises.

Mais l'approche peut être traitée à deux niveaux : dans un premier temps, on peut tâcher de faire mieux avec les ressources dont on dispose et ensuite on peut tenter de diminuer les ressources utilisées pour faire encore mieux.

La Frugalité pour l'entreprise qu'est-ce que c'est ?

La première approche concerne principalement les entreprises qui connaissent des difficultés en ce sens où les ressources dont elle dispose sont moindres qu'auparavant. En conséquence, pour s'en sortir, il va s'agir de faire mieux que ce qu'on faisait avant car disposant de moins de ressources on n'a en fait pas le choix ...

L'autre approche consiste à raisonner plus globalement, que l'entreprise ait ou non des difficultés. En effet, la prise conscience du fait que les ressources dont peut disposer une entreprise (matière première, financement, etc.) risquent de s'amoindrir doit-il inévitablement conduire à une baisse de sa production ? La réponse est non. Il va seulement falloir repenser l'usage de ces ressources.

Cas pratique

Prenons le cas d'une entreprise dont la situation de trésorerie est dégradée au point qu'elle ne puisse presque plus faire face à ses dépenses courantes. Il existe bien entendu tout un arsenal de solutions juridiques allant du Mandat ad hoc jusqu'au Redressement Judiciaire. Mais même si une des procédures est mise en place, il n'empêche que l'entreprise va devoir apprendre à vivre avec moins de ressources financières qu'avant.

Dans ce cas, la première chose à faire va être de passer en revue toutes les dépenses qu'elle doit réaliser pour produire un chiffre d'affaires suffisant pour garantir sa pérennité.

Ensuite, il va falloir chercher les sources d'économies. Cela ne signifie pas nécessairement supprimer des postes, mais travailler mieux et de manière plus efficace et frugale. L'exemple typique est que pour les déplacements, elle pourra favoriser les vols en classe économique plutôt qu'en classe affaire, ou encore renégocier ses contrats d'assurance en passant par un courtier qui lui trouvera le contrat qui est juste suffisant et pas simplement redondant.

Enfin, il va falloir changer la façon de travailler en créant du dialogue dans l'entreprise de sorte à éviter les erreurs de fabrication (qui coûtent très cher). Une meilleure communication entre les différentes composantes de l'entreprise permet en effet très souvent d'augmenter la qualité des produits ou des services proposés.

Alors, comment bien gérer son entreprise frugalement ?

Il n'y a pas de recette miracle ou de règle absolue pour gérer son entreprise frugalement. Chacun peut s'organiser selon ses moyens et sa culture.

En revanche, il existe un principe essentiel qui est celui décrit plus haut : la frugalité c'est produire mieux avec moins. Si chacun peut comprendre ce que signifie avoir moins de ressources, c'est-à-dire moins de finances, moins de matière première, moins de collaborateurs, en revanche, la notion de « produire mieux » dépendra de chacun selon sa culture ou ses métiers.

La seule chose qui doit guider la réflexion du chef d'entreprise qui décide de mettre en place une gestion frugale de son entreprise c'est qu'au final, le « rendement » entre le résultat produit et les ressources ayant permis ce résultat sera sensiblement supérieur à ce qu'il était avant.

En d'autres termes, c'est une démarche qui pourra permettre de générer un chiffre d'affaires similaire à ce qu'il était avant, mais avec moins de dépenses. Le résultat est que l'entreprise disposera alors de davantage de trésorerie, ce qui lui permettra de repartir sur des bases plus saines.

G comme … Get out of the Building

***

Cette expression est issue d'un cours en ligne donné par Steve Blank, un des promoteurs de la méthodologie du lean startup (Eric Ries) et du business model canvas (Alexander Osterwalder).

Son travail a consisté à synthétiser ces deux approches pour proposer aux entreprises un modèle de développement innovant et en tout cas qui va à l'encontre de ce qui se faisait auparavant.

Mais ce qui est réellement intéressant est le fait qu'il a réussi à modéliser un principe de bon sens que tout le monde peut comprendre et accepter : celui de faire valider une idée par un maximum de personnes avant de la mettre en œuvre.

"Get out of the building" pour l'entreprise qu'est-ce que c'est ?

Le principe qui régit cette expression est que lorsque vous avez une idée, elle est nécessairement bonne … pour vous ! Or, si vous n'avez pas la certitude que cette idée est jugée bonne par ceux qui peuvent être vos clients potentiels, il est très risqué de vous lancer à l'aventure.

En d'autres termes, comme le fait de se lancer en affaires est risqué par nature, il faut tenter par tous les moyens de limiter les risques en passant en revue toutes les étapes du processus qui va de l'idée de départ jusqu'à sa mise en œuvre. Et à chaque étape il faut tester sa pertinence en posant les bonnes questions.

L'étape intitulée « Get out of the building » est donc cruciale car elle permet de quitter son bureau et d'aller dans le vrai monde rencontrer de vraies personnes qui sont susceptibles de devenir un jour de vrais clients.

Cas pratique

Voici l'exemple d'un projet d'entreprise réel qui illustre le propos. Deux personnes étaient parties du constat que lorsqu'on a des valises vides chez soi, cela prend de la place et ils voulaient donc proposer le stockage de ces valises vides dans une sorte de consigne qu'ils géreraient.

Ils trouvaient leur idée excellente mais ne s'étaient pas frottés à la réalité. Appliquant le principe de « get out of the building », ils sont allés à la sortie d'un grand magasin spécialisé dans la vente de valises. Le problème pour eux est qu'en faisant cela et en demandant aux personnes si le fait de stocker chez eux leurs valises vides les gênait, la réponse était non …

Ils ont donc décidé de trouver une autre idée, toujours basée sur les valises et de proposer une bourse d'échange dans laquelle chacun pourrait proposer ses valises non utilisées et, le cas échéant trouver des valises dont il aurait besoin. Un sondage réalisé dans le même magasin a donné une réponse plutôt positive mais pas encore parfaite.

Finalement, ils ont évolué et ont remplacé les valises par des sacs à main et là la réponse a été très positive.

En d'autres termes, le fait de sortir de leur bureau et de se confronter à la réalité a été très bénéfique et non seulement leur a évité l'échec de leur projet initial mais leur a de plus permis de trouver la bonne idée …

Alors, comment pratiquer le "get out of the building" ?

Pour pratiquer le « get out of the building » efficacement, il faut deux ingrédients :

- il faut aller voir les personnes qui sont susceptibles de devenir vos clients et les interroger, non pas sur la validité de votre idée, mais sur les problèmes qu'elles rencontrent (tout en gardant à l'esprit que votre idée est potentiellement LA solution à ces problèmes)
- il ne faut pas hésiter à se remettre en cause si les réponses que vous avez à vos questions ne correspondent pas à ce que vous attendiez

Le second point est de loin le plus important car nombre de jeunes entrepreneurs sont tellement persuadés que leur idée est excellente qu'ils risquent de s'entêter …

G comme … Growth Hacking

✳✳✳

Le Growth Hacking, comme son nom l'indique un peu, est un ensemble de techniques (parfois un peu limites …) qui permettent de booster la croissance d'une entreprise.

Dans la plupart des cas le Growth Hacking concerne des entreprises évoluant dans le secteur de l'internet, mais comme toute technique, elle peut s'appliquer à n'importe quelle entreprise, pour peu qu'on fasse l'effort de s'y intéresser.

Le Growth Hacking pour l'entreprise qu'est-ce que c'est ?

Pour l'entreprise, le Growth Hacking a pour but de favoriser sa croissance. Cette méthode se base sur le fait que chaque étape qui conduit un prospect vers le statut de client doit être optimisée dans le but de maximiser le taux de conversion.

Mais cette méthode va plus loin car elle considère qu'un client satisfait va devenir un porteparole efficace pour l'entreprise et qu'il va donc contribuer à convertir un grand nombre de prospects en clients.

C'est ce mécanisme récursif qui conduit à la croissance de l'entreprise …

Cas pratique

Imaginons par exemple que vous souhaitiez booster les ventes d'un nouveau produit que vous avez développé.

Vous pouvez utiliser les méthodes « traditionnelles », à savoir, faire des plaquettes de présentation, motiver vos commerciaux, faire de la publicité, etc. Cela peut marcher mais cela prendra du temps, cela coûtera beaucoup d'argent et comme vous ne savez pas qui achètera votre produit, vous ne pourrez pas traiter vos clients avec tous les égards nécessaires de sorte à les convaincre de parler en bien de votre produit …

Si vous adoptez une démarche de type Growth Hacking, vous allez commencer par faire un site ou une application mobile qui présente votre produit. Vous allez accompagner ce site de tous les outils d'analyse possibles et vous allez donc tracer le parcours de vos visiteurs pour non seulement les transformer en clients, mais en plus savoir ce qu'il faut optimiser sur le site pour qu'ils puissent avoir la meilleure expérience possible et donc devenir clients et pas seulement visiteur …

Ensuite, vous allez utiliser toutes les ressources qu'internet met à votre disposition pour augmenter vos ventes. C'est là que la partie « hacking » de l'expression prend tout son sens : il ne faut pas hésiter à « pirater » certains sites pour développer vos ventes. Vous pouvez par exemple utiliser des sites comme Le Bon Coin pour promouvoir gratuitement un produit auprès d'un maximum de personnes, même si au départ, ce n'est pas la vocation de ce site …

Enfin, vous ne devez garder à l'esprit que la croissance de l'entreprise. Sans aller jusqu'à dire que la fin justifie les moyens, le Growth Hacking fixe la croissance comme seul objectif, même si les moyens utilisés sont parfois un peu en dehors des circuits officiels … Et par croissance j'entends croissance financière car l'objectif de toute entreprise étant de gagner de l'argent, il faut que le client soit non seulement convaincu que votre produit est ce qu'il lui faut, mais qu'il soit en plus prêt à payer pour cela !

Alors, comment bien gérer le Growth Hacking ?

Pour bien gérer le Growth Hacking dans votre entreprise, il faut tout d'abord que vous soyez convaincu du bien fondé de cette démarche. En effet, pour que cela fonctionne il faut que le Growth Hacking soit inscrit dans l'ADN de l'entreprise et que chaque salarié soit impliqué dans la démarche.

Ensuite, il faut sans doute utiliser les services d'un Growth Hacker car même si les principes sont assez simples à comprendre, les techniques mises en œuvre peuvent nécessiter des connaissances en développement. Avoir de vraies compétences en marketing n'est donc pas suffisant, il faut en plus savoir mettre en œuvre les outils d'analyse et optimiser les outils de communication …

Enfin, il faut bien maîtriser son environnement et son écosystème. Si vous vendez des produits, vous pouvez vous appuyer sur des plates-formes du type Le Bon Coin, mais si vous avez développé une application de covoiturage, il vous faudra plutôt vous appuyer sur les réseaux sociaux. A chaque produit ou service son environnement. Tout l'enjeu du Growth Hacking étant d'utiliser cet environnement au mieux pour développer votre entreprise !

H comme … Habitudes

***

Il y a de bonnes et de mauvaises habitudes qui s'installent avec le temps, mais il arrive qu'il faille en changer faute de quoi les problèmes risquent d'arriver.

En effet, les habitudes qu'on prend dans la gestion de ses affaires, de ses clients, de ses fournisseurs ou autres partenaires sont autant de risques potentiels de ne pas être en capacité de se remettre en cause au moment où il faudra le faire.

Le chef d'entreprise doit donc être vigilant et être toujours en mesure d'innover et de changer ses façons de travailler.

Les bonnes et mauvaises habitudes pour l'entreprise qu'est-ce que c'est ?

En fait, les mauvaises habitudes sont celles qui consistent à favoriser le statu quo par rapport au mouvement, tandis que les bonnes habitudes sont celles qui consistent à ne jamais rien considérer comme acquis définitivement.

Cela ne signifie pas qu'il faille être volage et infidèle avec ses fournisseurs ou qu'il faille papillonner sans cesse, changeant de partenaire au gré des événements. Il faut seulement être capable de nouer des relations durables avec les personnes qui peuvent apporter quelque chose à votre entreprise.

En revanche, il faut être prêt à remettre en cause certaines façons de travailler ou certaines relations si le besoin s'en fait sentir.

Cas pratique

Un exemple typique de mauvaise habitude est celle qui consiste à travailler toujours avec les mêmes fournisseurs pour une entreprise. A priori c'est une bonne chose, car bâtir une relation de confiance avec un ou des fournisseurs est important. Cependant, si cela se traduit par le refus de consulter d'autres fournisseurs, le risque est de passer à côté d'opportunités intéressantes, ou de ne pas découvrir de nouveaux partenaires.

Dans le domaine de l'organisation d'entreprise, ne pas vouloir changer ses habitudes de travail, ce qui se traduit par l'expression « on a toujours fait comme ça » est très risqué : en effet, si l'entreprise fait soudainement face à des difficultés, les personnes qui refuseront de modifier leurs habitudes pourront aggraver la situation dans laquelle l'entreprise se trouve.

A l'inverse, prendre l'habitude de se remettre en cause ou de chercher en permanence de nouveaux fournisseurs ou partenaires permet d'être toujours en état de veille. L'avantage de cette façon de raisonner est qu'on peut découvrir de nouvelles opportunités ou de nouveaux marchés car les rencontres qu'on pourra faire nous ouvriront les yeux sur des nouveaux besoins ou des nouveaux segments de clientèle.

En pratique, il faut donc toujours rester en veille, toujours être en mesure de se remettre en question et considérer que jamais rien n'est acquis définitivement car le monde (et donc les besoins des clients) est en mouvement permanent.

Alors, comment ne garder que les bonnes habitudes ?

La seule habitude à garder est celle de ne jamais prendre de mauvaises habitudes …

Dis autrement, cela signifie que toutes les habitudes qui conduisent à l'immobilisme sont à bannir, tandis que celles qui permettent au contraire de s'adapter sont bonnes.

Les différents process qui définissent la façon de travailler à l'intérieur de son entreprise (achat, suivis, commercialisation, conception, etc.) doivent être passés en revue et il faudra ensuite remettre en cause systématiquement ceux qui sont statiques jamais remis en question.

Par exemple, si l'habitude est prise de ne travailler qu'avec un fournisseur donné, il faudra désormais demander aux personnes en charge des approvisionnements de consulter 2 ou 3 fournisseurs différents. De manière générale, cela revient à dire qu'il faut tout le temps se demander comment tel process peut être amélioré et donc comment il peut devenir créateur de valeur.

Cette façon de travailler va mettre de la souplesse dans l'entreprise et la rendre plus apte à surmonter des crises.

H comme ... Histoire

***

L'histoire d'une entreprise est la liste des événements marquants qui ont jalonnés son parcours depuis sa naissance.

Cette histoire est parfois en lien avec celle de son dirigeant, ce qui permet alors de comprendre certaines orientations stratégiques ou, tout simplement, la raison pour laquelle l'entreprise a été créée.

Raconter cette histoire est donc très important car cela permet de rendre l'entreprise plus proche et de créer un lien particulier entre elle et ses clients.

L'Histoire pour l'entreprise qu'est-ce que c'est ?

L'histoire de l'entreprise ne doit pas se limiter à une succession de dates car cela serait sans grand intérêt. Bien sûr, certaines entreprises se targuent d'exister depuis plusieurs dizaines d'années mais c'est une façon de présenter les choses qui peut au contraire faire peur car le lecteur peut alors se demander si l'entreprise est capable d'évoluer.

Je me souviens en effet d'une entreprise presque centenaire où chaque dirigeant a été pris en photo sur le même pont. L'idée était sans doute de montrer une continuité dans la direction de l'entreprise depuis sa création. Mais en pratique, ce qui en ressort est une sorte d'immobilisme. De fait l'entreprise est actuellement en grandes difficultés, entre autres parce qu'elle n'a pas réussi à s'adapter ...

Cas pratique

En pratique, l'histoire racontée doit montrer comment l'entreprise est née. En effet, en expliquant qu'à l'origine de l'entreprise il y a eu un problème ou un besoin rencontré par son fondateur, cela permet au visiteur de s'identifier facilement, car il ou elle a le même problème.

Et puis, pour le visiteur, comprendre la démarche entrepreneuriale du fondateur permet de se rapprocher de lui. Le but de l'histoire est alors de créer un lien particulier entre l'entreprise (et son dirigeant) et ses clients. Ce lien va favoriser à terme la vente des produits ou des services de l'entreprise.

L'histoire de l'entreprise et de son dirigeant permet aussi, pour peu qu'elle soit écrite sur un ton léger, de donner une image sympathique de l'entreprise. Bien sûr, on n'achète pas un produit dans une entreprise uniquement parce qu'elle est « cool », mais cela y contribue quand même.

De plus, lorsque le client connaît l'histoire de l'entreprise, cela lui permet d'être mis un cran au-dessus des autres car il sait ce que les autres ne savent pas. Cette façon de valoriser indirectement le client est très utile car cela va lui donner des arguments pour convaincre son entourage d'acheter leurs produits dans « son » entreprise.

Enfin, il faut comprendre qu'une histoire ne s'arrête jamais et qu'elle s'écrit tous les jours. On l'oublie souvent mais au départ les blogs étaient des journaux de bords renseignés plus ou moins régulièrement. C'est donc un très bon outil pour qui veut construire l'histoire de son entreprise chaque jour.

Alors, comment bien gérer son histoire ?

Pour bien gérer l'histoire de son entreprise, il faut comprendre que celles et ceux qui vont la lire veulent vouloir découvrir comment l'entreprise est née et comment elle grandit.

Il ne s'agit évidemment pas de faire un récit détaillé de tous les faits concernant l'entreprise, mais bien de mettre en avant les faits marquants et ceux qui ont permis de constituer son ADN.

Pour savoir ce que vous devez faire figurer dans l'histoire de l'entreprise le plus simple et de vous demander ce que vous aimeriez savoir d'une entreprise. Au fond, c'est un peu la même démarche que celle que vous avez eue lorsque vous avez créé votre entreprise : comment résoudre un problème qui vous touche.

Et ne perdez jamais de vue qu'une entreprise vit et que son histoire s'écrit chaque jour ! Mettez donc à jour régulièrement votre histoire, cela permettra en plus aux visiteurs de vouloir revenir !

I comme ... Idées

***

Avoir des idées c'est bien, mais tenter de leur donner vie et développer un projet d'entreprise avec c'est mieux.

Mais attention toutefois car il y a idée et idée. En effet, tout le monde a des idées, voire des dizaines d'idées. Pour autant, est-ce une bonne chose de développer une entreprise à partir de ces idées ? C'est la question qu'il faut se poser car l'objectif est quand même de faire en sorte que son ou ses projets aboutissent !

Alors, comment faire le tri parmi toutes les idées qu'on a ?

Les Idées pour l'entreprise qu'est-ce que c'est ?

Avant toute chose, il faut bien distinguer deux notions : la notion de problème et celle de solution.

En effet, au départ de toute entreprise, il y a un problème : pour se protéger des intempéries on a inventé les maisons, pour transmettre des savoirs on a inventé l'écriture, etc.. Donc, le problème engendre plusieurs solutions possibles et parmi ces solutions, il y en a qui vont s'avérer plus pertinentes que d'autres et qui vont donc permettre à l'entreprise qui les met en œuvre de réussir durablement.

A l'inverse, avoir des idées qui ne répondent à aucun problème particulier est sans doute un exercice intellectuel intéressant, mais pas très profitable au sens économique du terme ...

Cas pratique

Ainsi, il est nécessaire d'écouter les problèmes des gens, à commencer par les siens. Si par exemple, vous avez un mal fou à retenir tous vos rendez-vous, vous pouvez imaginer quelque chose qui s'appellerait un agenda sur lequel vous noteriez les dits rendez-vous. Bon les agendas existent déjà, mais n'auraient-ils pas des défauts qui posent problème à leurs utilisateurs ?

Les idées qu'on a et qu'on doit garder ne doivent donc qu'être des solutions à des problèmes. Sinon, vous vous retrouverez avec des idées qui n'intéresseront personne ! Or, l'objectif étant de développer une activité et une entreprise à partir de l'idée, il est nécessaire de disposer de clients …

Ensuite, il va falloir s'assurer que l'idée est réalisable. Ou plutôt tenter de mesurer ce qu'il faut mettre en œuvre pour réaliser l'idée. Par exemple, si vous souhaitez mettre en place une centrale solaire pour équiper des maisons individuelles, l'investissement risque d'être moins important et plus facilement réalisable que si vous souhaitez créer une centrale solaire apportant suffisamment d'énergie électrique pour alimenter une ville entière.

Enfin, il faut absolument tester son idée auprès de ses clients potentiels à chaque phase de son développement. Cela permet de s'adapter à la demande réelle (et donc au marché potentiel) en limitant les coûts.

Alors, comment trouver la bonne idée ?

La question peut paraître stupide, mais en fait, elle ne l'est pas du tout. Elle est même très pertinente.

Pour trouver la bonne idée, il faut d'abord trouver de vrais problèmes qui touchent potentiellement beaucoup de monde.

Ensuite, il va falloir déterminer quelles sont les solutions qui peuvent être mises en œuvre pour résoudre ces problèmes. Parmi toutes ces solutions, il y en aura qui seront farfelues, d'autres qui existent déjà et d'autres (les moins nombreuses) qui sont réalisables.

Enfin, il va falloir imaginer comment mettre en œuvre la solution retenue en n'hésitant pas à se remettre en cause si nécessaire et surtout en ne perdant jamais de vue une chose fondamentale : le problème à résoudre !

Dernier point important, la bonne idée n'est pas forcément une idée très technologique ou qui nécessite des compétences très pointues. Souvent en effet, une bonne idée est une idée à laquelle personne n'avait pensé mais qui une fois présentée passe pour parfaitement évidente !

I comme … Intelligence Artificielle

***

Depuis quelques années, l'Intelligence Artificielle est partout.

Il ne se passe pas une journée sans qu'on cite de nouvelles applications en Intelligence Artificielle : recrutement, écriture d'articles, infographie, médecine, etc..

Pourtant, à la base, ce qu'on appelle "Intelligence Artificielle" n'est qu'un groupe d'algorithmes apprenants, c'est-à-dire des algorithmes qui ont la capacité d'adapter leurs réponses aux données qui leur sont fournies : plus ils reçoivent de données, plus ils sont capable de trouver des corrélations entre elles et plus ils sont capables de produire des résultats pertinents.

Le summum étant atteint, pour le moment, pas les IA de type "génératives", comme Chat GPT ou Bard qui sont capables de répondre à à peu près n'importe quelle question de façon sensée et efficace. Ou, dans les domaines graphiques, on a de plus en plus d'applications qui sont capables de générer des images très réalistes en fonction de données d'entrée assez succinctes.

l'IA pour l'entreprise qu'est-ce que c'est ?

L'Intelligence Artificielle regroupe toute une série d'applications pour l'entreprise.

Il peut s'agir de logiciels de gestion, pour la logistique, de CRM, etc.. qui utilisent des algorithmes permettant de prédire les comportements futurs des entités concernées sur la base des comportements passés.

Mais il peut également s'agir de logiciels ou d'applications qui accompagnent les salariés dans leur travail de tous les jours. Par exemple, on peut avoir des outils qui sont capables de traiter un très grand nombre de données presque instantanément et qui aident les collaborateurs de l'entreprise dans leurs recherches.

On a enfin, plus récemment, les outils "génératifs", comme Chat GPT ou Bard, qui peuvent créer du contenu écrit, ou des outils comme Midjourney, Leonarda.ai ou d'autres qui peuvent créer des images.

Dans tous les cas, il s'agit d'outils d'aides qui ne se substituent pas à l'homme mais qui "l'augmentent".

Cas pratique

Il est en effet nécessaire de garder à l'esprit que ce ne sont que des outils. Cela suppose donc plusieurs choses très importantes pour l'entreprise.

Premièrement, comme tout outil, il est nécessaire de bien maîtriser son domaine d'application. Par exemple, un outil comme Chat GPT ayant été entraîné avec des données s'arrêtant à 2021 n'a pas de données ultérieures. Il ne peut donc pas générer d'information sur la base de données récentes. De plus, il génère des mots et des phrases qui sont les plus cohérentes par rapport à la question posée. Il ne s'agit donc pas de la "vérité", mais d'une chose qui est probable.

Deuxièmement, comme tout outil, il faut savoir l'utiliser. Si vous ne savez pas conduire un camion, on ne vous demandera pas de le manoeuvrer. Pour l'IA c'est pareil. Vous devez former vos collaborateurs avant qu'ils puissent utiliser les outils basés sur une IA.

Troisièmement, l'IA permet généralement de réaliser des tâches rapidement, mais cela n'exclut pas un contrôle humain a posteriori …

Pour résumer, l'IA n'est pas la panacée pour l'entreprise. Il s'agit d'un outil très performant mais celui-ci doit être maîtrisé par ses utilisateurs.

Alors, comment gérer l'IA dans l'entreprise ?

Les outils basés sur une IA donnent des réponses qui sont le fruit de calculs complexes. Il s'agit donc de résultats qui sont ceux qui sont généralement les plus probables et les plus consensuels.

Parfois cependant, l'entreprise a besoin d'innover et de créer des choses ou des concepts qui n'existaient pas avant. Dans ce cas, il sera difficile pour une IA d'innover car elle se basera sur ce qui a existé dans le passé.

Il ne s'agit pas de dire que les IA ne servent pas aux entreprises innovantes, mais seulement de dire que, pour l'instant au moins, le génie créateur humain ne peut pas être remplacé …

I comme ... Internationalisation

***

L'internationalisation de son activité c'est le fait de commercialiser ses produits à l'étranger (on parle alors d'export) mais c'est aussi la possibilité de déplacer son activité à l'étranger.

C'est une activité à part entière qui peut être semée d'embûches ou de pièges mais qui permet de développer son activité de manière fantastique. En effet, sans faire de statistiques qui ne veulent pas dire grand-chose, il faut juste noter que la population française ne représente que 1% de la population mondiale. Autrement dit, vouloir s'attaquer au reste du monde revient à multiplier potentiellement la taille de son marché par 100 ...

L'Internationalisation pour l'entreprise qu'est-ce que c'est ?

Aller à l'international peut se faire de différentes façons, selon que vous allez simplement vendre des produits à l'étranger, donc exporter, ou que vous allez vous implanter à l'étranger et donc que vous allez produire à l'étranger.

Les deux démarches sont possibles mais ne se mettent pas en œuvre de la même façon.

Cas pratique

Si vous décidez de développer vos ventes à l'export, cela signifie que vous allez devoir commencer par trouver un représentant local ou un agent sur place qui va vous faciliter la tâche. En effet, outre la barrière de la langue (même si l'anglais est parlé dans la majorité du monde), il existe une barrière culturelle qui n'est pas toujours facile à franchir.

Il y a également la complexité administrative qu'il ne faut pas négliger et en particulier tout ce qui tourne autour de la douane et des droits d'exportation. De plus, piloter une expédition depuis la France vers un pays exotique peut parfois s'avérer très compliqué, c'est la raison pour laquelle il vaut mieux vous entourer de personnes compétentes en la matière.

Enfin, concrètement, dans la mesure où vous ne collectez pas de TVA sur les produits que vous vendez, cela signifie que, si votre production est en France, vous aurez des crédits de TVA …

Maintenant, si vous décidez de vous installer à l'étranger pour internationaliser votre activité, il vous faudra au préalable bien vous renseigner sur les us et coutumes locales et sur la façon dont marche l'administration sur place.

En effet, il y a des choses qui peuvent être beaucoup plus simples, mais dans la plupart des cas, elles sont souvent plus complexes, tout simplement parce qu'elles obéissent à des règles implicites liées à la culture locale.

L'autre point à ne pas négliger concerne le recrutement de personnel. Si vous travaillez avec du personnel du pays dans lequel vous venez de vous implanter, assurez-vous de sa fiabilité avant toute chose car dans certains pays vous aurez vite fait de passer pour le riche étranger, avec toutes les conséquences qu'on imagine !

Enfin, il y a une chose fondamentale à ne jamais oublier avant de vous lancer à l'aventure : assurez-vous que si vous allez dans un pays étranger, c'est parce que vous l'avez choisi et que cela représente pour vous une opportunité de développement importante. Le cas le pire en effet est celui des personnes qui fuient la France : à ce moment, le fait d'être à l'étranger est un pis-aller et en général, les choses finissent mal …

Alors, comment bien réussir son internationalisation ?

Selon que vous voudrez vendre à l'étranger ou vous installer à l'étranger, la démarche est différente mais elles ont toutes les deux un point commun fort : avant de vous lancer, il faudra vous entourer de personnes qui connaissent bien le pays et ses coutumes.

Une fois que vous vous serez lancé, vous aurez, comme si vous étiez resté en France ou sur le marché français, des moments de doute et des moments où vous ne saurez pas pourquoi les choses n'avancent pas comme prévu. La seule différence est que si vous ne maîtrisez pas les codes locaux, l'aventure risque de tourner au cauchemar …

Enfin, fixez vous des objectifs de revenus et de marge générés par cette démarche car ces données objectives seront votre garde-fou qui vous évitera de faire n'importe quoi ou de vous entêter inutilement …

I comme … Investisseur

***

Comme son nom l'indique, un investisseur est une personne physique ou morale qui investit de l'argent dans une entreprise en vue de l'aider à se développer et, au final, pouvoir réaliser une plus-value en revendant les parts qu'il a acquises au démarrage.

Un investisseur est donc un personnage clef du développement d'une entreprise et à ce titre doit être choisi et traité correctement.

L'Investisseur pour l'entreprise qu'est-ce que c'est ?

Concrètement, un investisseur ne sera utile à l'entreprise que si celle-ci a besoin rapidement de fonds importants. En effet, si une entreprise peut se contenter de croître lentement mais sûrement, ce qui est typiquement le cas des entreprises artisanales par exemple, elle pourra réinvestir chaque année ses bénéfices et éventuellement faire appel au prêt bancaire.

Par ailleurs, un investisseur prend un risque en vous donnant de l'argent, il attend donc un retour sur investissement élevé. Les entreprises qui l'intéressent sont donc surtout des entreprises susceptibles de croître rapidement et fortement.

Cas pratique

La première chose à faire avant de faire appel à un investisseur est de mesurer vos besoins. En effet, si vous avez besoin de 500 k€, il n'est pas a priori utile de chercher 2 M€. Même si on vous le propose car vous risquez d'être dilué. En d'autres termes, si l'investisseur apporte beaucoup d'argent, il va avoir beaucoup de parts dans votre entreprise, vous en aurez donc moins en proportion.

Ensuite, vous devez savoir combien vaut votre entreprise. Cela vous permettra de savoir quelle part de capital l'investisseur prendra en entrant au capital de l'entreprise. Cela revient à déterminer par complément le nombre de parts dont vous disposerez.

La troisième étape consiste à identifier un ou des investisseurs. Pour cela il existe cinq méthodes principales :

- votre réseau personnel et les réseaux des membres de votre réseau
- les clubs d'investisseurs (principalement des Business Angels)
- les family office, qui sont des fonds gérant des fortunes familiales
- les plates-formes dédiées de mise en relation entre investisseurs et entreprises
- les concours ou autres événements permettant de rencontrer des investisseurs

La quatrième étape consiste à mettre en place tout le processus juridique qui inclut le pacte d'actionnaires, document qui permet de fixer par avance ce qu'on attend des différents actionnaires sur une période donnée (par exemple, interdiction de vendre ses parts avant un certain délai).

La dernière étape s'inscrit dans la durée puisqu'elle consiste en la gestion de l'investisseur au fil des jours. Il va en effet demander des rapports réguliers d'activité et il va falloir répondre à toutes ses interrogations !

Alors, comment bien gérer son ou ses investisseurs ?

La première chose à faire est de bien choisir son investisseur car il ne s'agit pas d'une personne qui va se contenter de vous donner de l'argent pour vous faire plaisir. Il s'agit en effet d'un investissement, et comme tel, cet argent doit rapporter. Votre investisseur va donc être exigeant et vous devrez vous assurer que vous allez pouvoir travailler en bonne intelligence avec lui.

Ensuite, vous devrez prendre en compte les différentes remarques ou questions qu'il pose sur la stratégie de l'entreprise. Vous ne devrez pas les ignorer au prétexte que c'est vous le patron.

Enfin, vous devez vous inscrire dans une relation à long terme avec lui car il est possible que dans le futur vous ayez besoin de davantage d'argent et la personne à qui vous penserez en premier sera celui qui aura déjà investi dans l'entreprise.

J comme ... Jargon

✱✱✱

Le jargon est ce vocabulaire très spécifique qu'on emploie entre personnes d'un même milieu ou d'un même secteur d'activité.

Il peut évidemment s'agir d'un vocabulaire très technique, mais il peut également s'agir de tournures de phrases ou de façons de s'exprimer qui marquent un milieu professionnel.

L'avantage du jargon est qu'on se comprend entre soi, mais le gros inconvénient est que dès qu'on veut s'ouvrir sur le monde extérieur, il y a le risque de ne pas être compris, ce qui est alors très mauvais si on veut vendre !

Le Jargon dans l'entreprise qu'est-ce que c'est ?

Comme indiqué plus haut, le jargon dans l'entreprise c'est cette façon de parler entre soi d'une certaine façon qui nous semble tellement naturelle qu'on en vient à croire que tout le monde comprend ce qu'on dit.

Bien entendu, il y a deux façons de jargonner : soit de manière très technique, soit pour des éléments de langage communs. Jargonner techniquement signifie employer des termes techniques propres au métier. Ce n'est pas un problème en soi car il est quand même nécessaire de pouvoir se comprendre entre personnes de la même entreprise.

En revanche, s'agissant des éléments communs de langage, il peut s'agir d'expressions propres au personnel de l'entreprise mais qui ne sont comprises qu'en interne alors qu'il existe des équivalents en français courant.

Cas pratique

Imaginez tout d'abord un commercial qui souhaite vendre des produits que vous fabriquez avec pour cible des particuliers. Prenons par exemple une entreprise qui fabrique des rampes d'escalier. Techniquement, ces produits se nomment des garde-corps. Pensez-vous que le particulier va immédiatement comprendre si vous lui vantez les mérites de la « lisse haute de main courante de votre garde-corps » ? Il serait plus judicieux de parler au prospect de ce qui compose la rampe de votre balustrade.

Bien entendu, le terme employé face à un client qui n'a pas votre culture technique est imprécis et parfois même légèrement erroné, mas au moins, il correspond à ce qu'il connaît et c'est ce qui est important. En effet ce qui compte est bien ce que votre interlocuteur comprend, pas nécessairement ce que vous dites …

Dans le cas où vous vous adressez à un professionnel, les choses sont différentes car les deux parties utilisent en principe le même jargon. Le fait de jargonner est alors un moyen efficace de montrer à votre interlocuteur que vous êtes de son monde dans la mesure où vous parlez comme lui.

L'usage du jargon doit donc être limité à vos interlocuteurs qui le maîtrisent. Il est en revanche à proscrire si la personne avec laquelle vous parlez ne le maîtrise pas.

Alors, comment éviter le jargon ?

Cette question est pertinente dans le cas où vous vous adressez à une personne ou un groupe de personne qui ne connaît pas votre jargon et qui risque alors de ne pas comprendre ce que vous dites !

La première chose à faire est de relire systématiquement tous les documents que vous éditez et vérifier s'ils ne comportent pas d'éléments qui sont propres à votre culture industrielle. Si vous trouvez de ces mots ou expressions, vous devrez leur trouver un équivalent en français courant, ou y accoler une définition claire, voire un schéma, pour les rendre compréhensibles.

Ensuite, dans votre discours, vous devrez prendre l'habitude de vous adapter à votre interlocuteur pour être certain qu'il n'y aura pas d'incompréhension de sa part. Cet exercice est plus complexe que le premier dans la mesure où vous devrez réagir en temps réel …

Enfin, sachez que vous pouvez malgré tout utiliser un peu de jargon, tout en expliquant ce qu'il recouvre, et ce afin de créer une sorte de complicité avec votre interlocuteur. Il aura l'impression de s'approprier le produit davantage s'il en maîtrise à son tour les éléments de langage correspondant !

K comme … KBis

***

On assimile très souvent une entreprise à un être vivant. Si on veut poursuivre la métaphore, on peut dans ce cas dire que l'extrait KBis est en quelque sorte la carte d'identité de cette personne morale qu'est une société.

En effet, à la naissance de l'entreprise le Registre du Commerce lui affecte un numéro qu'elle gardera toute sa vie durant et qui figure en bonne place sur cet extrait. Mais ce document n'est pas statique et tous les faits marquants de la vie de l'entreprise y figureront, comme trace des informations qui sont enregistrées au Registre du Commerce dont elle dépend.

Le KBis dans l'entreprise qu'est-ce que c'est ?

On parle de KBis alors que pour être correct, il faudrait plutôt parler d'extrait KBis. En effet, le document qui vous est remis par le Greffe du Tribunal de Commerce est un extrait des informations concernant votre entreprise et qui sont notées dans le Registre du Commerce et des Sociétés (RCS).

Ce document étant émis par le Greffe du Tribunal et étant dûment certifié par celui-ci, il devient une pièce qui atteste officiellement que votre société existe.

C'est la raison pour laquelle il est fréquemment demandé par les banques, certains clients ou par toute autre administration.

C'est enfin un document qui est public et donc accessible par tout le monde, du moment qu'on connaît le numéro identifiant votre entreprise, le SIREN.

Cas pratique

Pour savoir analyser un extrait KBis, il faut simplement le parcourir.

Les premières informations qu'il contient sont l'objet social, la forme juridique et l'identifiant de l'entreprise concernée. L'objet social est le nom de la société et sa forme juridique est par exemple SARL, SAS, etc.. L'identifiant unique de l'entreprise est le SIREN (Système Informatique du Répertoire des ENtreprises), un code à 9 chiffres. Dans cette première partie on trouve également la date de création, la domiciliation, le type d'activité, le capital social, etc.

On trouve ensuite une partie consacrée au ou aux dirigeant(s) de l'entreprise. Sont en effet listés les noms, prénoms et âge des actionnaires de l'entreprise avec leur statut (co-dirigeant, président, etc..). Cette partie est très pratique si vous souhaitez savoir qui dirige une entreprise. Enfin, on trouve tout l'historique de l'entreprise depuis sa naissance. On a en effet la liste des documents publiés par l'entreprise comme les procès-verbaux d'assemblée générale, ou les jugements rendus à l'encontre de l'entreprise par le Tribunal de Commerce. On ne trouve ici que les titres et les dates des actes. Il est ensuite possible de les demander au Greffe qui les archive si on veut en savoir plus sur l'entreprise.

Alors, comment utiliser le KBis ?

L'extrait KBis peut être utilisé de plusieurs façons.

Tout d'abord, on peut trouver les coordonnées postales du siège de l'entreprise ainsi que le nom de son ou de ses dirigeants. Cela n'a cependant de sens que pour les PME, les grandes entreprises ayant souvent comme actionnaires des personnes morales.

Ensuite, on peut voir les documents déposés au Greffe du Tribunal de Commerce. Comme tous les actes concernant l'entreprise, y compris les jugements rendus par le Tribunal de Commerce y figurent, on peut alors voir si l'entreprise est ou non en Sauvegarde ou Redressement Judiciaire.

Dans ce dernier cas, comme un administrateur judiciaire ou un mandataire judiciaire est nommé pour, en quelque sorte, co-diriger l'entreprise, son nom figure sur la liste des dirigeants. Cela peut être utile si on souhaite disposer d'informations sur l'entreprise.

Enfin, il faut savoir que l'extrait KBis n'est valable que 3 mois, mais que son édition est instantanée, surtout si on passe par des sites spécialisés comme Infogreffe ou Societe.com. Sinon, vous devrez contacter le Greffe qui tient le registre du commerce concerné …

L comme … Levée de Fonds

***

La levée de fonds est l'opération qui consiste à obtenir des financements de la part d'investisseurs pour permettre à son entreprise de démarrer ou de se développer.

Généralement, une entreprise ne réalise pas qu'une seule levée de fonds, mais plusieurs. A chaque étape de son existence correspond une levée de fonds spécifique : en amorçage, en développement, en investissement, etc..

La levée de fonds se pratique auprès d'investisseurs privés ou publics et est distincte des prêts qui peuvent être contractés auprès de banques ou de prêteurs privés via des plates-formes de crowdlending par exemple.

La Levée de fonds pour l'entreprise qu'est-ce que c'est ?

Pour une entreprise, lever des fonds lui permet d'augmenter ses fonds propres et donc de devenir plus solide et capable de gérer sa croissance. Elle pourrait certes se constituer des fonds propres à mesure qu'elle réalise des bénéfices mais cette façon de procéder est très longue et surtout incompatible avec des besoins élevés liés à une forte croissance.

Cela lui permet également de faire entrer à son capital des investisseurs qui peuvent lui apporter davantage que de l'argent : des conseils et des contacts.

Cas pratique

Concrètement, une levée de fonds se prépare et ne s'improvise pas. La première chose en effet est de commencer par identifier ses besoins et la façon dont ils se répartissent (R&D, acquisition de nouveaux clients, recrutements, investissements, etc.).

Une fois que vous savez de combien vous avez besoin, il faut savoir à qui s'adresser. En effet, les investisseurs potentiels ont des goûts et des compétences qui leur sont propres. Par exemple, certains sont spécialisés dans la Biotech, dans les télécoms ou dans d'autres secteurs.

Ce qui est important, c'est qu'au-delà des stratégies d'investissements de ces fonds, il faut que vous mesuriez l'intérêt de les avoir à votre capital. En effet, comme il a été dit plus haut, un investisseur peut également vous aider dans le développement de votre entreprise. Alors autant en choisir un qui connaît votre secteur d'activité.

Ensuite, une fois que vous avez identifié le ou les fonds susceptibles d'intervenir, vous pouvez commencer votre « roadshow », c'est-à-dire le parcours qui va vous mener chez tous ces investisseurs et lors duquel vous devrez redire toujours les mêmes choses : présenter votre marché, ses problèmes, votre solution, votre équipe, etc..

Ce travail est long et prend beaucoup d'énergie, c'est pourquoi vous avez intérêt à le préparer le mieux possible. Pour cela vous pouvez et vous devez vous faire aider … Un autre point à bien préparer est la façon dont le ou les investisseurs qui interviennent au capital de votre entreprise vont agir en pratique. Pour cela vous devrez mettre en place un pacte d'actionnaires qui va définir les obligations et les droits de chacun.

Enfin, vous ne devrez jamais perdre de vue qu'un actionnaire a investi dans votre entreprise, c'est-à-dire qu'il compte récupérer non seulement sa mise de départ, mais des intérêts. Il va donc vous demander des comptes. Ainsi, même si vous êtes majoritaire dans votre entreprise, vous allez quand même devoir justifier vos actions …

Alors, comment gérer une levée de fonds ?

La première chose à faire, c'est d'être conscient qu'une levée de fonds est presque un travail à temps plein. Si votre équipe est suffisamment étoffée, n'hésitez pas à confier cette tâche à l'un de ses membres car la vie de tous les jours de votre entreprise ne doit pas en pâtir.

Ensuite, vous devez arbitrer entre lever beaucoup d'argent très vite et donc être dilué fortement ou lever moins d'argent, garder le contrôle de votre entreprise, mais devoir y revenir un an après …

Enfin, vous devez avoir conscience que lever des fonds a un prix : vous ne serez plus seul aux commandes. D'où l'importance de choisir des fonds avec lesquels vous partagez une vision commune !

L comme … Licenciement

$$***$$

Par temps de crise, les licenciements pour raison économique sont un mode de rupture du contrat de travail très utilisé. Mais il existe en réalité plusieurs autres formes de licenciement qui sont l'expression du pouvoir de sanction du chef d'entreprise.

Il faut donc distinguer les licenciements pour raison économiques qui concernent des postes des autres licenciements qui ont pour origine le comportement de la personne au sein de l'entreprise.

Le Licenciement pour l'entreprise qu'est-ce que c'est ?

On ne devrait pas parler de licenciement mais bien de licenciements, au pluriel, car selon leur nature, les causes, les modalités de mise en œuvre et les conséquences sont très différentes pour l'entreprise.

Cas pratique

Concrètement il existe deux grandes familles de licenciements : les licenciements pour raison économiques et les autres.

Les licenciements pour raison économique ne peuvent intervenir que sous condition : la principale d'entre elles étant que la santé de l'entreprise est dégradée au point qu'il est nécessaire de supprimer certains postes. Il s'agit en effet bien de supprimer des postes et non pas de faire partir des personnes. Soyons clairs, au final ce sont bien des personnes qui quitteront l'entreprise mais cela ne doit être vu que comme une conséquence de la suppression des postes.

C'est d'ailleurs la raison pour laquelle on commence par justifier le fait que tel poste doit être supprimé et qu'ensuite on décide qui va être concerné. D'ailleurs, la liste des personnes qui devront partir ne devra être établie que sur la base de critères objectifs (ancienneté, difficulté à retrouver un emploi, etc.).

Enfin, il ne faut pas oublier qu'avant de procéder à ces licenciements, le chef d'entreprise devra apporter la preuve qu'il a tout fait pour tenter de trouver un autre poste aux salariés faisant l'objet de ce licenciement.

Les autres licenciements sont le résultat de l'application du pouvoir de sanction du chef d'entreprise et sont donc des licenciements personnels au sens où la personne concernée est désignée nominativement.

Son licenciement est donc la conséquence directe de son comportement dans l'entreprise : que ce soit pour faute grave, pour faute lourde, pour insuffisance ou pour incompétence, toutes ces causes de licenciement sont des causes dites réelles et sérieuses.

Ainsi, avant de procéder au licenciement de la personne concernée, le chef d'entreprise devra apporter la preuve des faits qui lui sont reprochés faute de quoi le licenciement pourra être considéré comme abusif.

Enfin, il ne faut jamais oublier que dans la quasi-totalité des cas, un comportement qui conduit à une sanction du type licenciement pour raison personnelle n'est jamais soudain mais est le résultat d'une lente dégradation. Il est donc du devoir du chef d'entreprise d'utiliser tout l'arsenal de sanctions dont il dispose pour tenter au préalable de faire rentrer le salarié dans le rang.

Ce point est très important car on voit très souvent aux prud'hommes des salariés licenciés pour faute grave alors que jusqu'au moment du licenciement rien ne leur a officiellement été reproché …

Alors, comment gérer des licenciements ?

Un licenciement se prépare. Qu'il s'agisse de raisons économiques ou de comportements, les conditions qui conduisent à la mise en place de licenciements ne sont jamais soudaines.

Le chef d'entreprise, en bon gestionnaire de son entreprise doit donc anticiper au maximum les procédures et surtout bien documenter les actions qu'il entreprend. Par document j'entends le fait qu'il doive tout écrire et tout justifier. Ainsi, si un salarié se comporte mal, il doit agir au plus vite et le convoquer par écrit pour essayer de comprendre ce qui se passe et surtout le rappeler à l'ordre. Cela ne signifie pas forcément le sanctionner par un avertissement mais bien lui signifier que son comportement doit être modifié.

Pour les raisons économiques, elles doivent s'anticiper au maximum et tout doit être fait pour éviter d'en arriver à des licenciements. Il existe un tas de dispositions comme l'envoi en formation, la prise de congés, le chômage partiel, etc.. Dans tous les cas, le chef d'entreprise devra apporter la preuve qu'il a tout tenté avant d'en arriver à des licenciements pour raison économique.

L comme … Liquidation Judiciaire

***

Dans le vocabulaire courant, on parle surtout de faillite, même si ce terme n'existe officiellement plus depuis plusieurs années.

Pour le commun des mortels, la Liquidation Judiciaire est une chose terrible car elle caractérise une mauvaise gestion de son entreprise qui a conduit à sa perte.

Pourtant, sans parler d'acte de gestion, qui pourrait laisser croire que la Liquidation Judiciaire est quelque chose de banal, cette procédure n'est pas la fin de tout, c'est au pire la fin d'une aventure entrepreneuriale …

La Liquidation Judiciaire pour l'entreprise qu'est-ce que c'est ?

La Liquidation Judiciaire est une procédure qui résulte d'un jugement rendu par le Tribunal de Commerce lorsque celui-ci estime que non seulement l'entreprise est en état de cessation des paiements, c'est-à-dire qu'elle ne peut pas faire face à ses créances, mais qu'en plus la situation dans laquelle se trouve l'entreprise est telle qu'il n'existe pas de solution permettant d'espérer un redémarrage.

Il existe également des Liquidation dites « amiables », où le dirigeant souhaite cesser son activité en liquidant son entreprise après s'être assuré que tous les créanciers étaient payés.

Cas pratique

Concrètement, le terme de Liquidation Judiciaire provient du fait que le Mandataire Liquidateur qui est nommé pour la gérer, rend « liquides » tous les actifs de l'entreprise en vue d'en payer le passif, c'est-à-dire la somme de toutes les dettes déclarées au moment de l'entrée en procédure.

Il définit alors une priorité en traitant d'abord les salaires, ensuite les créanciers dits « privilégiés », c'est-à-dire les organismes sociaux et fiscaux, puis, s'il reste des fonds, les créanciers dits « chirographaires », qui sont généralement les fournisseurs et les banques.

Quand on sait que dans la plupart des cas, les créanciers privilégiés ont souvent du mal à être payés, alors les autres …

La cession des actifs se fait souvent par une vente aux enchères ou parce qu'ils sont rachetés par un tiers. Cela explique d'ailleurs pourquoi la plupart du temps les sommes récupérées par le Mandataire Liquidateur sont dérisoires au regard de la valeur « réelle » des actifs.

Il faut savoir que si vous comptez mettre votre entreprise en Liquidation Judiciaire pour en effacer les dettes et repartir pour une nouvelle aventure, cela ne sera pas possible car vous ne pouvez vous racheter à vous-même des actifs liquidés … Ce serait trop simple.

Il faut également savoir que le Tribunal de Commerce peut décider d'assortir le jugement de Liquidation Judiciaire d'une condamnation à votre encontre pour faute de gestion, ce qui entraîne une interdiction de gérer une autre entreprise pour un certain nombre d'années.

Enfin, une Liquidation Judiciaire peut se propager à d'autres entreprises vous appartenant ou à vous-même, ce qui signifie que ces autres entreprises ou vous-même devraient payer le passif avec vos propres actifs …

Alors, comment gérer une Liquidation Judiciaire ?

Comme il y a toujours un risque d'extension de la Liquidation Judiciaire à vous-même, le mieux est de ne disposer en votre nom propre d'aucun actif qui pourrait servir à combler éventuellement le passif de votre entreprise.

Ensuite, Le fait d'être le gérant d'une entreprise entrant en Liquidation Judiciaire va avoir une incidence forte sur votre vie personnelle, ne serait-ce que parce que les gens vous considérerons un peu comme un paria. C'est un moment difficile à passer, mais avec des soutiens forts de sa famille et de ses amis, on s'en sort.

Enfin, même si rebondir est toujours difficile, surtout quand on sort de Liquidation Judiciaire, c'est la meilleure des choses à faire car comme il est dit plus haut, il ne s'agit pas de LA fin, mais bien d'UNE fin d'une entreprise. Et comme après une chute, il est important de se relever vite pour pouvoir repartir et avancer !

M comme … Mandat ad hoc

***

Comme son nom l'indique, le Mandat ad hoc est un mandat que le dirigeant va confier à quelqu'un, le mandataire, pour résoudre un problème spécifique.

Ainsi, à l'inverse des procédures dites collectives qui englobent l'ensemble du passif de l'entreprise, le Mandat ad hoc ne va concerner que quelques créanciers ciblés.

Le double avantage de cette procédure est qu'elle ne fait pas l'objet d'une annonce légale, elle reste donc confidentielle, et par ailleurs, elle permet au dirigeant de se délester sur le mandataire du règlement d'un litige avec un créancier ou un groupe de créanciers donné.

Le Mandat ad hoc pour l'entreprise qu'est-ce que c'est ?

Le Mandat ad hoc est une procédure qui est lancée à la seule initiative du chef d'entreprise. Elle met en jeu trois intervenants : le dirigeant, le mandataire ad hoc et le Président du Tribunal de Commerce.

La seule condition à remplir pour pouvoir être en mesure de mettre un Mandat ad hoc en place est que l'entreprise ne soit pas en état de cessation des paiements.

Cas pratique

Si vous avez un litige avec un ou quelques fournisseurs ou des organismes sociaux et fiscaux ciblés (URSSAF, Service des Impôts, caisse de congés, etc.) vous pouvez parfaitement faire appel à un mandataire ad hoc que le Tribunal de Commerce désignera pour le traiter et le suivre.

En pratique, vous devez prendre rendez-vous avec le Président du Tribunal de Commerce et lui soumettre votre demande en la justifiant. Si l'entreprise n'est pas en état de cessation des paiements et que son état ne justifie pas la mise en place d'une procédure collective du type de la Sauvegarde, alors vous aurez le feu vert du Président du Tribunal de Commerce pour la mise en place d'un Mandat ad hoc.

Vous pouvez avoir choisi vous-même un mandataire ad hoc (généralement, ce sont des administrateurs ou des mandataires judiciaires qui peuvent faire cela) ou demander au Président du Tribunal de Commerce de vous en désigner un.

Une fois ceci fait, vous n'aurez qu'un formulaire à remplir, et le remettre au Greffe.

Le Président du Tribunal de Commerce signera ensuite l'ordonnance nommant le mandataire et précisant sa mission, mission qui n'excèdera pas quelques mois. A l'issue de cette mission, le mandataire ad hoc remet un rapport au Tribunal de Commerce dans lequel il devra exposer les actions qu'il a menées et les résultats obtenus.

En principe, le mandataire ad hoc tient le chef d'entreprise informé de l'avancement de sa mission régulièrement car il est quand même mandaté et payé par lui !

En fin de mandat, si les créanciers avec lesquels le mandataire ad hoc a négocié un étalement de la dette par exemple souhaitent homologuer l'accord qui a été passé, il faudra ouvrir une procédure de conciliation.

Alors, comment gérer le mandat ad hoc ?

Pour résumer, si vous n'avez que quelques litiges avec une poignée de créanciers bien ciblés, que vous n'êtes pas en état de cessation des paiements, que vous n'avez ni le temps ni l'envie de gérer ces litiges vous-mêmes, alors le Mandat ad hoc est fait pour vous.

Sa mise en œuvre est simple et discrète et même si l'information transpire que vous avez fait appel à un mandataire ad hoc pour régler un litige, vous pourrez toujours communiquer sur le fait que votre entreprise va bien et que vous avez décidé de sous-traiter le règlement d'un litige avec un fournisseur.

Il vous en coûtera quelque argent, mais là encore, il est parfaitement possible de négocier le tarif d'intervention du mandataire ad hoc avec lui. Et comme cette information figure dans l'ordonnance rendue par le Tribunal de Commerce, il n'y a pas de risque de débordement.

M comme … Marketing de contenu

***

Le marketing de contenu est, selon Wikipedia, une stratégie marketing qui implique la création et la diffusion, par une entreprise, de contenus médias, afin d'acquérir de nouveaux clients.

Si cette famille du marketing connaît un tel essor, c'est que tout cela est rendu possible par la capacité que l'internet a de mettre à disposition des entreprises des outils puissants, susceptibles de toucher un grand nombre de personnes et surtout à un prix extrêmement bas.

Le Marketing de contenu pour l'entreprise qu'est-ce que c'est ?

Le marketing de contenu parle de contenu. Pour l'entreprise, cela signifie donc qu'elle devra fournir du contenu à ses clients ou aux prospects qu'elle aimerait transformer en clients.

Mais il ne s'agit pas de fournir n'importe quoi comme contenu : ce dernier devra être en relation avec l'entreprise et devra donner envie aux clients d'acheter des produits ou des services à l'entreprise.

Il faut donc que le contenu ne soit pas une publicité qui vante les mérites des produits de l'entreprise mais bien un ensemble d'informations qui conduise à créer suffisamment de confiance envers la marque pour que les clients aient envie d'acheter.

Cas pratique

En pratique, on peut découper le marketing de contenu en quatre familles, chacune d'elle ayant ses contenus spécifiques. Bien entendu, ces familles sont parfaitement complémentaires et peuvent faire l'objet d'actions conjointes de la part de l'entreprise.

Premièrement les blogs, les newsletter, les livres blancs, etc.. Il s'agit sans nul doute des outils les plus anciens pour communiquer avec ses clients. Cependant, les techniques d'aujourd'hui permettent d'agrémenter ces contenus autrefois purement textuels par des vidéos, ce qui les rend encore plus attractifs. La caractéristique de ces outils est qu'ils permettent d'offrir un contenu original et gratuit aux clients, ce qui contribue à renforcer l'image d'expert de l'entreprise.

Ensuite, il y a les réseaux sociaux. Chaque réseau social a sa raison d'être et l'entreprise peut les utiliser pour entrer directement en relation avec ses clients et pour échanger dynamiquement avec eux. La création d'une relation forte avec ses clients peut même aller jusqu'à la co-création, où les clients participent conjointement avec l'entreprise à l'élaboration de produits.

La troisième famille est sans doute la plus connue puisqu'il s'agit des sites web. Qu'il s'agisse de simples sites cartes de visites, de sites vitrines ou de sites plus sophistiqués intégrant du ecommerce, ils sont un moyen de communiquer un savoir-faire, un état d'avancement d'une commande ou toute une série d'informations pratiques au client.

Enfin, il y a les applications mobiles qui permettent d'offrir aux clients des applications dédiées à leur smartphone pour qu'ils puissent disposer d'informations pratiques sur l'entreprise dans un environnement adapté à leur appareil et plus convivial qu'un site web.

Ces quatre familles viennent évidemment en complément des outils classiques du marketing tout en permettant de créer une relation plus intime avec le client car ce dernier est de plus en plus connecté à internet et souhaite avoir des informations sur l'entreprise à n'importe quel moment, depuis n'importe quel endroit, et surtout pouvoir communiquer avec elle.

Alors, comment gérer le marketing de contenu en entreprise ?

S'il y a une règle à retenir pour bien gérer le marketing de contenu pour son entreprise, c'est que le contenu doit être de qualité !

Le contenu est en effet l'image de la marque et de l'entreprise.

Le contenu doit par ailleurs être exclusif et original car le client doit apprendre des choses et avoir l'impression que l'entreprise lui permet de savoir des choses que les autres ne connaissent pas. Cela lui permet d'être différent des autres.

Enfin, le contenu doit être fourni régulièrement car les clients ont tendance à ne pas être très fidèles …

M comme ... Mission

***

La mission d'une entreprise est la façon dont elle va se mettre en phase avec la vision qu'elle a du monde à venir.

Pour formuler cela différemment, on peut dire que la vision qu'une entreprise a de l'avenir dans son secteur d'activité va définir un état de l'art de son marché, des attentes de ses clients, etc.. La mission de l'entreprise est alors l'ensemble des buts qu'elle se fixe pour être prête le jour où sa vision se réalise.

La Mission de l'entreprise qu'est-ce que c'est ?

La mission de l'entreprise est donc un ensemble d'objectifs à plus ou moins long terme.

Ces objectifs doivent être chiffrés c'est-à-dire qu'ils doivent contenir une ou plusieurs actions à mener, la période à laquelle ils doivent être atteints et comment cela va se traduire en termes de dépenses et de revenus.

La vraie difficulté se pose lorsque l'objectif est à long terme car il est assez difficile de savoir quand il va devoir se réaliser et surtout quels vont être les coûts et les revenus associés. Dans ce cas, il faudra surtout se concentrer sur l'aspect qualitatif de la mission.

Cas pratique

En pratique, la mission que vous vous fixez étant adossée à la vision que vous avez de votre marché dans le futur, vous devez commencer par réfléchir à votre vision. Ce n'est pas un exercice facile car vous devez imaginer comment votre marché et comme ses attentes vont évoluer au fil des années.

Une fois que votre vision est claire, il va falloir que vous mesuriez comment cela va se traduire en termes d'objectifs pour votre entreprise. Par exemple, si votre vision est que d'ici 2050, il n'existera plus que des voitures automatiques sans chauffeur, et que vous êtes une entreprise fournissant des boîtes de vitesse, il va falloir que vous imaginiez comment vous allez vous positionner dans ce nouveau marché.

Une fois que vous avez fixé vos objectifs, il va s'agir de les décliner en sous-objectifs, en étapes, et surtout il va falloir que vous déterminiez les métriques qui vous permettront de mesurer la pertinence de vos décisions.

En effet, si on part de l'exemple précédent, vous pouvez vous fixer comme mission d'être le leader mondial de la fourniture de boîtes de vitesse automatiques spécialement conçues pour être pilotée par un ordinateur de bord. Or l'arrivée de véhicules sans chauffeur va être progressive et il vous faudra donc être présent sur ce marché dès l'arrivée des premiers véhicules de ce type.

Vous devrez donc être en capacité de mesurer si votre solution est fiable, viable et surtout si elle répond bien aux attentes de ce marché naissant. Les métriques à mettre en place pourront par exemple être la part de marché que vous avez, la marge réalisée sur ces produits, etc..

Ensuite, il faut que vous soyez très vigilant car si les métriques que vous avez mises en place donnent des résultats mitigés, autrement dit que l'objectif que vous vous êtes fixé s'éloigne car le marché a d'autres attentes, car vous avez un mauvais positionnement en termes de prix, ou autre chose, il va falloir que vous puissiez vous remettre en cause, faute de quoi nous ne pourrez jamais accomplir votre mission.

De même vous devez vous assurer en permanence que la vision que vous avez eue est réaliste car si elle ne s'avère pas, votre mission n'aura aucune chance d'aboutir !

Alors, comment gérer la mission de l'entreprise ?

Comme souvent, une mission a des chances d'aboutir si elle correspond à une réalité. Cette réalité est la vision que vous avez de l'avenir et des évolutions de votre marché.

Vous devez donc en permanence vous demander comme votre marché va évoluer pour être en mesure de vous fixer une mission qui ait des chances d'aboutir.

Ensuite, vous devez suivre cette mission et vous assurer que vous franchissez bien les étapes prévues, un peu comme les différents étages d'une fusée doivent s'allumer dans un certain ordre et pendant un certain temps pour que la fusée suive la bonne trajectoire.

Enfin, vous devez être prêt à remettre en cause la mission si votre vision s'avère fausse …

M comme ... MVP

***

Le MVP, Minimum Viable Product est littéralement un produit minimum viable, autrement dit, un prototype comportant un minimum de fonctionnalités mais suffisamment abouti pour qu'il puisse être montré à des personnes.

Son objectif est de faire valider son produit ou son service par sa cible et ainsi permettre d'avancer dans les développements.

Le MVP pour l'entreprise qu'est-ce que c'est ?

Le MVP est avant tout un prototype.

Il doit donc à ce titre comporter les fonctionnalités de base et fonctionner. La vraie difficulté étant de savoir où fixer la limite car on est souvent tenté de vouloir en mettre le plus possible en se disant que cela va plaire aux personnes qui le testeront.

Or, on constate que si le produit répond vraiment à un besoin, il n'est pas nécessaire qu'il soit parfait au début. Il faut seulement qu'il apporte la preuve que non seulement le problème du client visé a bien été compris et que la réponse apportée est fonctionnelle.

Cas pratique

En pratique, il ne faut jamais perdre de vue que le but réel de cet outil est de valider la compréhension que vous avez eue du problème de votre cible.

En d'autres termes, vous avez identifié un groupe de personnes ou d'entreprises qui constituent un embryon de marché. Vous avez également identifié que ce qui reliait ces cibles était l'existence d'un problème commun. Vous avez alors imaginé une solution pour y remédier.

Mais pour que cela fonctionne, avant même de vous poser la question de la monétisation de votre solution, il faut vous assurer de deux choses :

- que vous avez bien identifié un problème chez votre cible, ou, dit autrement, que ce que vous avez identifié comme étant un problème en est bien un …
- que la solution que vous avez proposée non seulement répond à ce problème mais est en plus acceptable par la cible …

C'est ici que le MVP prend tout son sens car il va vous permettre, à moindre frais, de valider ces deux points.

Et s'il apparaît que cela n'y répond pas, vous n'aurez pas beaucoup perdu de temps ni d'argent et vous aurez en plus eu l'opportunité de mieux comprendre les attentes de vos cibles. Vous gagnez donc sur les deux tableaux.

Et au cas où cela valide vos hypothèses, vous aurez déjà identifié concrètement des premiers clients et il ne vous restera plus qu'à progresser dans la mise en œuvre de votre solution.

Le MVP est donc bien un passage obligé au début de la vie de votre entreprise ou de votre projet. Il ne se limite pas aux startups, il est une étape qui peut s'appliquer à n'importe quelle industrie car c'est tout simplement du bon sens : qui accepterait d'investir des centaines de milliers d'euros dans un projet sans s'être au préalable assuré qu'il allait y avoir un retour sur investissement ?

Alors, comment gérer un MVP dans l'entreprise ?

Dans le MVP, chaque mot compte.

Le MVP est un produit, ce qui signifie qu'il s'agit de quelque chose de concret. Ce n'est pas seulement un texte spécifiant quelque chose à venir.

Mais c'est également quelque chose qui doit être viable, autrement dit quelque chose qui doit fonctionner de manière autonome, même s'il ne présente pas toutes les caractéristiques d'un produit fini.

Enfin, c'est un produit qui présente des caractéristiques minimales. Il ne s'agit pas à cette étape de faire un produit complet car son seul but est de valider ou d'invalider une réponse à un besoin …

N comme ... Niche

***

Les niches sont des marchés de très petite taille qui contiennent cependant une clientèle très ciblée.

Elles sont donc idéales pour tester un produit ou un service spécifique mais qui a un potentiel de croissance importante. Cela évite de dépenser de grandes sommes d'argent en communication et cela permet de limiter les risques en cas d'échec.

Mais elles peuvent aussi constituer des segments de clientèle suffisamment importants pour que l'entreprise puisse vivre correctement sans chercher à se développer ailleurs.

La Niche pour l'entreprise qu'est-ce que c'est ?

Pour une entreprise il faut voir une niche un peu comme un segment de test de son produit ou de son service. C'est la raison pour laquelle, elle devra être choisie soigneusement pour être certain (ou en tout cas raisonnablement sûr) qu'elle sera représentative.

Mais, comme indiqué précédemment, une niche peut être également le moyen pour une entreprise de rester à l'abri de la concurrence car elle peut être suffisamment importante en potentiel d'affaires pour lui permettre de vivre correctement, tout en étant trop petite pour que les concurrents importants ne souhaitent pas y aller.

Cas pratique

Dans le cas où le lancement d'une nouvelle activité se fait par le test dans une niche, il est nécessaire au préalable de bien identifier la cible visée.

Ensuite, il faut trouver une niche correspondante. Dans l'absolu, peu importe la taille de la niche, ce qui compte c'est sa pertinence. Par exemple, si vous proposez un service de promenade pour chiens (sans jeu de mot avec la niche …), vous pourrez chercher à proposer vos services aux couples actifs sans enfants qui habitent en ville et qui disposent de revenus importants. Si cela fonctionne, vous pourrez ensuite étendre votre service aux couples avec enfants, ou faire évoluer votre modèle vers d'autres animaux.

Dans ce cas, la niche est très claire et la cible en phase avec le type de service que vous souhaitez développer.

Dans l'autre cas, le choix d'une niche spécifique peut permettre de rester à l'abri de ses concurrents.

Par exemple, un fabricant de menuiseries en acier à l'ancienne ciblera une niche de personnes ayant des résidences assez anciennes, disposant de revenus élevés, cultivées et n'hésitant pas à investir de fortes sommes pour maintenir leur maison à un certain niveau.

Ce faisant, il ne sera pas inquiété par les fabricants ou poseurs de menuiseries en PVC qui, bien que proposant des produits bien moins chers, ne correspondent pas du tout à la cible de la niche. Par ailleurs, ces fabricants de menuiserie PVC ne pourraient pas investir dans l'outil de production nécessaire à la réalisation de ces menuiseries à l'ancienne car le volume n'est pas assez important pour le rentabiliser rapidement.

Alors, comment gérer sa ou ses niches ?

Pour résumer, tout dépend de votre objectif.

Si vous souhaitez développer un produit pour lequel un prototype peut être testé en grandeur réelle mais à petite échelle, alors vous pourrez choisir une niche adaptée pour cela.

Si au contraire, vous souhaitez vivre tranquillement, sous les radars des concurrents, alors vous devrez trouver une niche suffisamment importante pour vous faire vivre, mais pas assez grande pour qu'elle intéresse vos concurrents.

Ensuite, vous pourrez évoluer en cherchant une ou d'autres niches et ainsi appliquer le principe bien connu qu'il ne faut pas mettre tous ses œufs dans le même panier. Car le risque de la niche est bien que si vous êtes mono-clientèle, si elle vient à disparaître, alors n'avez plus rien.

En d'autres termes, évitez de vous contenter d'une seule niche mais au contraire, n'hésitez pas à être présent sur différentes niches pour limiter les risques.

O comme ... Offre

***

Dans le monde de l'entreprise une offre peut s'entendre de deux façons.

La plus commune est l'offre commerciale, c'est-à-dire un devis ou une proposition chiffrée qui permet à l'entreprise d'indiquer à son prospect en quoi consiste le produit ou le service proposé et quel en sera le prix.

L'autre sens est plus général et concerne ce que l'entreprise propose en général en termes de services ou de produits associés. Cette notion est rattachée à celle de demande.

L'Offre de l'entreprise qu'est-ce que c'est ?

Dans le cas présent c'est ce second sens qui sera concerné, le premier relevant davantage de la pratique journalière et classique de l'entreprise et étant gérée par ses commerciaux.

L'offre qu'une entreprise est capable de proposer pour répondre à une demande, est beaucoup plus complexe à décrire car elle inclut des notions de stratégie ou de proposition de valeur.

Cas pratique

Comme il a été dit précédemment, une offre correspond à une demande. Mais qu'on ne s'y trompe pas, une offre n'est pas que la réponse adaptée à une demande, elle peut être à l'origine d'une demande. Par exemple, les smartphones ne répondaient pas directement à une quelconque demande formulée par des segments de clientèle donnés : ils ont été créés dans l'idée de faire des objets innovants et regroupant plusieurs fonctionnalités et dans une vision du monde bien particulière de la part de ses créateurs (Apple pour ne pas les nommer). La demande est venue ensuite. On retrouve d'ailleurs le même phénomène pour les objets connectés …

Cependant, à moins d'être un visionnaire extraordinaire il est assez peu fréquent de créer une offre qui précède une demande. Dans la plupart des cas, c'est l'inverse qui se produit.

Alors pour bien définir son offre il va falloir commencer par bien identifier les demandes de ses clients (ou de ses futurs clients). Pour cela il va falloir s'intéresser à eux, essayer de comprendre leur mode de vie, quelles sont les tâches qu'ils effectuent et qu'ils jugent éventuellement pénibles, les bénéfices qu'ils en retirent, etc..

Ce travail d'analyse effectué, il va falloir imaginer une offre qui réponde à ses besoins sans toutefois éliminer les bénéfices produits auparavant. L'idéal étant que cette offre tende également à rendre les bénéfices des actions encore plus importants. Alexander Osterwalder, le créateur du Business Model Canvas, un outil graphique permettant de poser à plat l'ensemble des éléments conduisant à l'élaboration du Business Model le plus adapté à son entreprise, parle de « Pain killer » et de « Gain accelerator ». Autrement dit l'offre doit bien « tuer » les problèmes tout en augmentant les bénéfices que le client tire de ses actions.

Un bon exemple est l'arrivée massive des sites basés sur l'économie collaborative. Si on prend le covoiturage, l'offre consiste à résoudre le problème de prix des transports, tout en permettant au conducteur d'amortir son voyage et ayant à bord de son véhicule des personnes sympas. L'offre « tue » le problème de coût tout en augmentant le côté sympa du voyage.

Il faut cependant bien comprendre que ce processus de définition d'une offre n'est pas immédiat et est souvent itératif : on teste quelque chose, on mesure les résultats et on corrige ce qu'il faut pour améliorer le résultat initial.

Alors, comment bien construire son offre ?

Pour bien construire son offre, il faut commencer par accepter le fait qu'en face il y a une demande. On peut certes anticiper cette dernière en étant tellement persuadé que son offre va révolutionner les comportements au point qu'une demande va émerger, mais cela n'est malheureusement réservé qu'à quelques-uns.

Dans la majorité des cas, il va falloir détecter les signaux faibles chez vos clients et comprendre quels sont leurs besoins et leurs attentes puis concevoir une offre qui soit adaptée.

Le dernier point à ne pas négliger est la taille du marché car si vous travaillez dur et développez une offre pour un marché de 100 personnes, cela risque de vous coûter cher dans tous les sens du terme …

O comme ... Opportunités

***

Dans la matrice SWOT qui permet d'établir un diagnostic pour une entreprise, les Opportunités font partie des possibilités de développement pour cette dernière, en opposition avec les Menaces auxquelles elle peut faire face.

D'ailleurs, un des enjeux du chef d'entreprise est bien de transformer ces Menaces en Opportunités, mais c'est un autre sujet.

Les Opportunités pour l'entreprise qu'est-ce que c'est ?

Pour une entreprise, les opportunités sont donc les possibilités qui s'offrent à elle pour développer son activité. Elles peuvent être de plusieurs natures.

Il y a les opportunités liées à la conjoncture, il y a celles liées à l'évolution des marchés et il y a celles liées à une évolution de la demande.

Dans tous les cas, il est nécessaire non seulement de les détecter mais également de mesurer leur capacité à générer une activité compensant les investissements à mettre en œuvre.

Cas pratique

Comme il a été dit précédemment, plusieurs types d'opportunités peuvent se présenter à l'entreprise.

Les opportunités liées à la conjoncture sont celles par exemple qui apparaissent lorsqu'un concurrent disparaît. A priori cela est une bonne nouvelle car vous pouvez récupérer les clients de votre ex-concurrent, cependant, avant de vous lancer à la conquête de ce marché il sera important de savoir pour quelles raisons votre concurrent a disparu car si c'est parce que le marché s'est rétréci vos actions risquent de ne mener à rien …

Les opportunités liées à l'évolution des marchés peuvent concerner soit l'évolution des normes en vigueur, soit l'apparition d'un nouveau marché dû à l'émergence de marchés connexes. Par exemple, les normes sur l'accessibilité sont autant d'opportunités pour les entreprises qui travaillent dans le secteur du bâtiment car les établissements qui reçoivent du public vont devoir s'adapter pour permettre l'accès aux personnes à mobilité réduite. Quant aux effets de bord liés à l'émergence de nouveaux marchés, il peut s'agir par exemple des marchés dépendant de l'économie dite de « partage » dont Uber, AirBnB ou BlablaCar sont les exemples les plus emblématiques. Il ne s'agit pas pour vous d'être un concurrent d'une de ces plates-formes mais bien de profiter de leur attrait pour venir développer votre propre activité en vous appuyant sur leur notoriété.

Enfin, les opportunités liées à l'évolution de la demande sont sans doute les plus difficiles à apprécier car pour être bien gérées, c'est-à-dire pour être saisies au bon moment et générer un haut niveau d'activité, il faut qu'elles soient détectées au bon moment !

Or, pour détecter de telles évolutions dans la demande, il faut avoir une très bonne connaissance de son marché et avoir mis en place des métriques suffisamment pertinentes. En d'autres termes, lorsque vous avez un marché, il faut que vous soyez convaincu que celui-ci va évoluer. Vous pourrez ainsi mettre en place les indicateurs permettant de détecter ces évolutions et donc anticiper au mieux.

Dans tous les cas, il faut bien comprendre que les opportunités de développement de votre entreprise ne pourront être détectées qu'au prix d'une veille régulière et approfondie. Mais vous devrez également bien appréhender les fondamentaux de votre métier car c'est de ceuxci que vous pourrez et devrez partir pour évoluer et proposer des offres qui seront en phase avec les opportunités qui se présenteront.

Alors, comment bien gérer les opportunités ?

La première chose est de vous convaincre que vous devrez faire évoluer votre entreprise un jour ou l'autre et que l'événement déclencheur sera l'arrivée de nouvelles opportunités.

Ensuite, vous devez vous mettre en veille pour être en mesure de détecter les opportunités qui se présenteront. Le plus délicat étant d'évaluer le potentiel de ces opportunités ; il ne s'agit pas en effet de vous lancer tête baissée dans un nouveau marché sans avoir mesuré son potentiel au préalable …

Enfin, vous devrez comprendre qu'il s'agit là d'un cycle sans fin et qu'à l'instar d'une pierre qui ricoche sur l'eau, la vie de votre entreprise devra rebondir en permanence pour continuer à exister malgré les évolutions du milieu dans lequel elle évolue.

O comme … Organisation

***

Le mot Organisation a en fait deux sens : le premier est celui qui définit une structure et le second est celui qui définit une façon de travailler ou de vivre.

L'objet de cette fiche est de proposer des solutions et des astuces pour être mieux organisé dans sa vie professionnelle et donc au final, réussir à faire plus de choses dans une journée qu'on en ferait en étant désorganisé.

Ces astuces et ces méthodes peuvent même s'appliquer à la vie personnelle, même si dans le cas de cette dernière, il est parfois bon de se laisser aller de temps en temps …

l'Organisation pour l'entreprise qu'est-ce que c'est ?

L'entreprise est exigeante car il faut que toutes les personnes y travaillant, à commencer par son dirigeant, soient le plus efficaces possibles au sens où elles créent le plus de valeur possible.

Pour cela il faut deux ingrédients principaux :

- une structure clairement définie avec tout un jeu de liens entre les différentes entités qui permettent de définir les flux de donnés échangés et de mesurer les résultats obtenus
- un ensemble d'actions à réaliser pour faire en sorte que chaque tâche, chaque échange de données, soit le plus efficace possible

Ce dernier point n'est possible que si on fait preuve d'une vraie organisation.

Cas pratique

La première méthode consiste à ne faire que ce qui est nécessaire au moment le plus opportun. Elle est plus connue sous le nom de « matrice d'Eisenhower » car elle a été mise au point par ce général américain lors de la seconde guerre mondiale.

Il faut en fait classer les actions à réaliser dans un tableau à deux colonnes et à deux lignes.

La première ligne donne ce qui est important, la seconde ligne, ce qui n'est pas important.

La première colonne donne ce qui est urgent, la seconde colonne, ce qui n'est pas urgent.

Ainsi, chaque tâche sera traitée en fonction de la case dans laquelle elle se retrouvera.

- Vous devrez traiter en priorité les tâches importantes ET urgentes
- Vous devrez déléguer pour les tâches non importantes MAIS urgentes
- Vous devrez traiter ensuite les tâches importantes MAIS non urgentes
- Vous devez attendre pour les tâches NI importantes NI urgentes

La seconde méthode est celle dite de la Tomate. Son origine provient du minuteur utilisé en cuisine et qui avait la forme d'une tomate …

L'idée est de découper le temps en séquences de 25 + 5 minutes. Pendant les 25 premières minutes, vous devez vous consacrer exclusivement à la tâche impartie puis, à l'issue de cette période, que la tâche soit ou non finie, vous faites une pause de 5 minutes, et vous repartez sur un cycle.

Bien entendu, vous pouvez moduler la longueur des cycles, mais celui-ci permet toutefois une concentration maximale.

En procédant comme suit vous pourrez travailler plus efficacement en ne vous laissant pas distraire par des événements extérieurs.

Alors, comment bien s'organiser ?

Il existe bien d'autres méthodes pour être mieux organisé, mais les deux qui sont décrites plus haut les résument assez bien.

Le principe est toujours le même : sachez déléguer les tâches qui ne sont pas fondamentales et sachez rester concentré pendant des périodes de temps prédéfinies pour pouvoir avancer sans vous laisser perturber et distraire par des événements qui n'ont rien à voir avec l'objet de votre travail.

P comme ... Partenaire

***

Une entreprise peut rarement travailler de manière complètement autonome au sens où elle dispose en interne de toutes les ressources nécessaires à son bon fonctionnement. Elle est donc obligée de s'appuyer sur des partenaires, c'est-à-dire des entités qui réalisent certaines tâches pour elle.

Mais pour qu'un partenariat fonctionne de façon efficace, il faut que les deux parties adoptent une stratégie gagnant-gagnant et que le terme de « partenaire » ne soit pas qu'une expression utilisée pour faire plaisir.

Le Partenaire pour l'entreprise qu'est-ce que c'est ?

Concrètement pour l'entreprise il va exister deux sortes de partenaires : les partenaires standards et les partenaires clefs.

On comprend bien que les partenaires clefs doivent être traités avec les plus grands égards dans la mesure où de la relation que vous allez entretenir avec eux va dépendre la réussite de votre activité.

Les partenaires standards quant à eux sont davantage le fruit d'opportunités qui permettent à un instant donné de la vie de l'entreprise de profiter des compétences, du savoir-faire, des réseaux, etc. des partenaires en question.

Cas pratique

Avant d'envisager de nouer un partenariat avec une autre entreprise, la première chose à faire est de définir vos besoins. En fait, il s'agit dans un premier temps de dresser la liste des actions que vous êtes censé exécuter dans votre entreprise et déterminer celles que vous êtes en mesure de réaliser en interne et les autres.

Ensuite, il faut relire ces actions mais sous un autre angle, celui de la stratégie. En effet, certaines des actions que vous menez dans votre entreprise ont un caractère stratégique, d'autres pas.

Vous pouvez alors dresser un tableau à 2 colonnes et 2 lignes, les colonnes donnant les actions que vous pouvez ou non réaliser en interne et les lignes donnant celles qui sont ou non stratégiques pour votre entreprise.

Commencez alors à regarder les actions stratégiques pour votre entreprise. Celles qui sont réalisables chez vous ne posent pas de problème : vous devez les traiter avec le plus grand soin car votre activité (et votre survie) en dépend. Pour celles que vous ne pouvez pas réaliser en interne, vous avez le choix : soit vous vous donnez les moyens de les internaliser, ce qui signifie une prise de risque mais après tout il s'agit d'actions stratégiques … Soit vous décidez de les faire exécuter par un partenaire qui va devenir un partenaire stratégique ! Il faut donc veiller à le choisir correctement et à vous assurer que vous partagez des objectifs communs.

Ensuite, concernant les actions qui ne sont pas stratégiques ou qui le sont moins, celles pour lesquelles vous disposez de ressources en interne ne posent pas de problème. Il vous faut cependant vous poser la question qui est de savoir si vous ne pouvez pas utiliser ces ressources pour des actions stratégiques, quitte à confier les actions non stratégiques citées précédemment à des tiers …

Enfin, pour les actions pas ou peu stratégiques que vous ne pouvez pas réaliser en interne, vous pouvez trouver des partenaires standards qui les réaliseront sans doute de très bonne manière, ce qui vous permettra de vous concentrer sur l'essentiel.

Alors, comment bien gérer ses partenaires ?

Pour bien gérer ses partenariats, la première chose à faire est de définir ce que vous attendez d'eux.

Ensuite, vous devez savoir ce qu'ils attendent de vous car un partenariat est une relation symétrique et vous ne devez jamais oublier que vous pouvez aussi être un partenaire stratégique pour celui avec lequel vous bâtissez cette relation.

Enfin, partenariat ne signifie pas confiance aveugle. Comme dans toute délégation, vous devez en permanence vous assurer que le contrat est correctement exécuté. Votre partenaire, s'il est de bonne foi, acceptera toujours vos remarques si elles sont justifiées et le fruit d'un suivi rigoureux de votre part !

P comme ... Pitch

✳✳✳

Le terme de pitch nous vient des Etats-Unis. Il définit le fait de résumer un film, un métier, une action en un temps très limité et de manière suffisamment claire pour que l'interlocuteur qu'on a en face de soi en comprenne l'essentiel.

On parle également de « elevator pitch » pour renforcer le principe de temps limité, l'idée étant d'expliquer à une personne ce qu'on fait ou le projet qu'on a le temps d'un trajet en ascenseur …

Le Pitch pour l'entreprise qu'est-ce que c'est ?

Concrètement, pour l'entreprise, le pitch va donc correspondre à cet instant que son fondateur ou son dirigeant va devoir passer à expliquer à un groupe d'auditeurs en quoi consiste le projet qu'il est en train de lancer ou l'idée qu'il est en train de développer.

La plupart du temps, le pitch intervient lors de présentations faites devant un groupe d'investisseurs lorsqu'on cherche à lever des fonds. C'est un peu le pendant entrepreneurial des radios-crochets où on dispose de quelques minutes seulement pour convaincre.

La difficulté est alors double car non seulement on doit trouver le format et le contenu qui convaincra l'auditoire mais on doit aussi tenir compte des autres pitcheurs à qui on va immanquablement être comparés …

Cas pratique

Il existe schématiquement 3 sortes de pitchs qui, s'ils sont similaires dans leur esprit, sont différents dans leur forme.

Tout d'abord, il y a le pitch d'opportunité. C'est typiquement le cas d'une rencontre fortuite entre vous et une personne susceptible de vous aider ou de s'intéresser à vous ou à votre projet. Cette personne étant généralement introduite par un tiers, n'a pas pour vocation à vous écouter parler pendant des heures.

Vous devez donc faire preuve d'efficacité et être en mesure d'exposer de manière claire et concise qui vous êtes et ce que vous faites. Si vous rechercher des financements pour un projet, un job ou des clients, vous devez le faire savoir mais en présentant votre requête de façon suffisamment claire et synthétique pour que votre interlocuteur ait envie d'en savoir davantage.

Ensuite il y a le pitch de cocktail. Cette appellation qui m'est tout à fait personnelle correspond aux rencontres que vous pouvez être amené à faire lors d'événements prévus pour faire se rencontrer différentes personnes d'un même réseau. En effet, réseauter signifie la plupart du temps participer à des événements « mondains » tournant autour de quelques présentations suivies d'un cocktail où on échange des cartes de visite et des informations.

Il y a généralement beaucoup de monde et pour que les personnes que vous ciblez puissent se souvenir de vous et de votre projet, il va falloir être en mesure de vous distinguer des autres. Il va donc falloir marquer vos auditeurs et faire en sorte qu'ils se souviennent de vous et qu'ils aient envie d'en savoir plus. Là aussi le fait de savoir pitcher votre projet est fondamental car votre interlocuteur saura l'essentiel, de façon claire et percutante et en très peu de temps !

Enfin, il y a les pitchs de concours où vous passez, avec plusieurs personnes ayant le même profil que vous, devant un auditoire composé la plupart du temps d'investisseurs (Business Angels ou Venture Capitalists). Les règles sont souvent connues à l'avance et, à la différence des deux cas précédents, vous pourrez vous appuyer sur un support visuel (présentation, video, etc.).

Vous devrez non seulement être en mesure d'expliquer clairement votre projet, mais encore ne pas perdre de vue qu'il s'agit d'un concours où vous êtes en concurrence avec d'autres et qu'il va donc falloir convaincre en très peu de temps que votre projet est le meilleur !

Alors, comment réussir son pitch ?

Il n'y a pas de règle absolue mais deux principes à appliquer.

Tout d'abord, apprenez à être concis et à aller à l'essentiel. Ensuite, pour montrer à votre auditeur que ce que vous lui exposez est concret, a du sens, et est intéressant, partez de cas concrets et montrez que vous apporter une réponse pratique à un ou des problèmes réels.

P comme ... Prescripteur

***

Un prescripteur est une personne physique ou morale qui va servir d'intermédiaire actif entre vous et un client potentiel. Par intermédiaire actif on entend quelqu'un qui ne se contente pas de parler de vous et de votre offre mais qui va tout faire pour que celle-ci soit acceptée par le client potentiel.

C'est donc un personnage clef de la vente car s'il dispose d'un réseau important, il va pouvoir vous permettre de développer votre activité rapidement.

Le Prescripteur pour l'entreprise qu'est-ce que c'est ?

Concrètement, pour une entreprise, un prescripteur peut être une autre entreprise qui peut avoir un intérêt particulier à ce que votre offre plaise. Par exemple, cette offre peut être complémentaire à la sienne et ainsi lui aider à améliorer son image car il est alors en mesure de proposer un panel de solutions plus grand à ses clients.

L'avantage d'identifier un prescripteur est qu'il sera ensuite possible de s'appuyer sur son réseau de distribution ou ses contacts pour vendre vos produits. Cela permet donc d'optimiser vos coûts d'acquisition.

Cas pratique

La première chose à faire est de savoir à qui s'adresse votre offre ou votre produit. C'est très important dans l'absolu car votre produit devant répondre à un besoin, il est nécessaire de vous assurer que votre cible est la bonne et qu'elle a un problème que votre offre peut résoudre.

Ensuite, il faut que vous établissiez dans quelle mesure votre offre s'inscrit dans une offre plus générale. Par exemple, si vous vendez un audit dans le domaine de la sécurité, cette offre peut s'inscrire dans le champ plus général du conseil en entreprise.

L'étape suivante consiste à identifier des entreprises ou des personnes qui proposent des offres dans ces domaines sans toutefois être concurrents avec vous. L'idéal est que ces offres soient complémentaires car cela permet à chacun de s'appuyer sur l'autre pour proposer un package plus complet.

Ensuite, il s'agit de convaincre le prescripteur potentiel car s'il est prêt dans l'absolu à prescrire votre offre auprès de ses clients, il ne voudra pas se griller en proposant quelque chose qui risque de le desservir !

La dernière étape est de définir avec ce prescripteur la façon de travailler ensemble. En effet, pour être dans un fonctionnement win-win, il sera nécessaire de croiser les attentes de chacun et de s'assurer que les deux parties trouveront leur compte dans cette association. Cela peut être une relation financière (avec prise de commission du prescripteur qui agit alors comme un apporteur d'affaires) ou une relation business où chaque partie prescrit l'offre de l'autre.

En effet, vous pouvez aussi être prescripteur d'autres offres ! C'est d'ailleurs un bon moyen pour enrichir votre produit ou votre service. Cela peut d'ailleurs être considéré comme l'étape ultime car, après avoir eu votre offre supportée par un prescripteur vous pouvez le devenir à votre tour.

Alors, comment bien gérer un prescripteur ?

La meilleure façon de bien gérer un prescripteur est de vous assurer qu'il va trouver un intérêt à le devenir. Il ne sera en effet un prescripteur efficace que s'il est convaincu du bien-fondé de votre offre et que s'il pense pouvoir en retirer un intérêt.

Si vous allez voir une entreprise qui dispose de clients qui peuvent potentiellement être intéressés par votre offre, elle ne vous mettra en contact avec eux que si elle est raisonnablement certaine que cela va améliorer sa propre image.

C'est donc à vous de la convaincre de l'intérêt qu'elle a à travailler avec vous.

Cet exercice à également un autre intérêt, celui de tester auprès d'un public extérieur à votre entreprise la pertinence de votre offre ! Autrement dit, si vous êtes capable de convaincre ce futur prescripteur, vous avez de grandes chances que votre offre sera bien reçue par le segment de clientèle que vous ciblez …

P comme ... Prêt

***

Un prêt est l'octroi d'une somme d'argent par une entité extérieure à l'entreprise et qui est généralement remboursée dans un délai convenu avec éventuellement des intérêts.

Il est donc très important de ne jamais oublier qu'un prêt devra être remboursé et qu'il ne s'agit pas d'une subvention ou d'un don. C'est d'ailleurs la raison pour laquelle l'entité qui prête de l'argent à l'entreprise pourra exiger en contrepartie des garanties comme une caution du dirigeant ou un nantissement sur les parts de l'entreprise.

Le Prêt pour l'entreprise qu'est-ce que c'est ?

Concrètement une entreprise peut bénéficier de trois sortes de prêts :

- des prêts bancaires classiques avec une durée de remboursement de quelques années et un taux d'intérêt
- des prêts à taux zéro et sans garantie généralement octroyés par des organismes publics (BPIFrance) ou des associations d'aides aux entreprises
- des prêts de personnes physiques vers des entreprises octroyés par le biais de plateformes de crowdlending

Dans tous les cas les prêts devront être remboursés sinon le prêteur pourra en demander le remboursement par voie de justice, voire demander la mise en redressement judiciaire de l'entreprise défaillante

...

Cas pratique

Tout le monde connaît les prêts bancaires classiques, ne serait-ce que pour en avoir bénéficié à titre personnel. Pour les entreprises cela fonctionne de la même manière sauf que, dans la mesure où c'est une personne morale (l'entreprise) qui emprunte, le prêteur pourra exiger que celui ou celle qui la dirige se porte caution sur ses biens personnels !

Il est possible d'éviter d'être caution en proposant par exemple à la place un nantissement sur les parts de la société ce qui signifie pour simplifier qu'en cas de défaut de paiement, la banque pourra se rembourser en obtenant des parts de l'entreprise.

Toutefois, la crise aidant, il est souvent difficile pour une TPE ou une PME d'obtenir des prêts « classiques » à des conditions acceptables. Il faut donc se tourner vers les deux autres formes de prêts qui sont les prêts octroyés par des organismes publics ou parapublics, ou ceux proposés par les plate-formes de crowdlending.

BPIFrance et des associations (Réseau Entreprendre, France Initiative, etc.) proposent des prêts intéressants en ce sens qu'ils sont sans garantie (donc sans caution) et parfois avec un différé de quelques années pour leur remboursement. Cela signifie par exemple que le prêt se rembourse sur une durée totale de 8 ans mais que le remboursement ne débute réellement qu'après 2 ou 3 ans …

L'autre caractéristique est que ces prêts peuvent être sous la forme de prêts d'honneur (sans intérêts) faits directement au dirigeant de l'entreprise. C'est donc ce dernier qui doit rembourser à titre personnel.

L'autre moyen d'obtenir un prêt sans passer par les banques est de passer par une plate-forme de crowdlending. Le principe est simple : l'entreprise indique de combien elle a besoin et comment elle va utiliser la somme demandée. Puis, si des particuliers sont intéressés, ils peuvent prêter de l'argent presque directement puisque la plate-forme de crowdlending sert d'intermédiaire.

Il s'agit généralement de prêts sur une durée courte (1 à 3 ans) et avec des taux plus élevés que ceux proposés par les banques (de l'ordre de 8 à 10%). De plus, pour être éligible il faut généralement avoir terminé 2 ou 3 exercices comptables.

Alors, comment bien gérer un prêt ?

Le principe le plus important est qu'un prêt n'est pas un don : il devra donc être remboursé aux prêteurs. Il faut intégrer cette donnée dans le Business Plan de l'entreprise.

Il ne faut jamais oublier non plus qu'un prêt est un moyen simple d'obtenir de l'argent rapidement pour lancer ou développer un projet. Il ne faut donc pas s'en priver !

Quant au choix du prêteur, tout dépend de la nature du projet et du montant recherché, mais il ne faut négliger aucune piste et bien comprendre que les banques ne sont désormais qu'un acteur parmi d'autres …

P comme … Proposition de Valeur

***

La Proposition de Valeur d'une entreprise est l'ensemble des solutions qu'elle propose en vue de résoudre le ou les problèmes qu'elle a identifiés chez ses clients.

Il s'agit donc d'une réponse adaptée à des besoins, ce qui est en principe la meilleure façon de procéder. En effet, apporter une réponse à une question est généralement plus porteur qu'inventer un produit ou un service ex-nihilo et tenter de convaincre la population qu'il est le meilleur …

La Proposition de Valeur pour l'entreprise qu'est-ce que c'est ?

Concrètement, pour l'entreprise, la Proposition de Valeur est la façon dont le produit ou le service qu'elle a développé va résoudre un problème qui a été identifié chez ses clients.

C'est donc une conséquence d'une réflexion et d'une analyse menées chez ses clients plus qu'une idée posée a priori et qui doit ensuite être justifiée.

On comprend alors tout l'intérêt de cette Proposition de Valeur car elle est en principe assurée de rencontrer un écho positif, pour peu qu'elle corresponde vraiment à un besoin et que ce qu'elle propose soit perçu positivement de la part des clients.

Cas pratique

La Proposition de Valeur est une façon de traiter la relation qu'une entreprise a avec ses clients. Elle s'inscrit donc dans une démarche d'échange avec ses clients (ou clients potentiels).

La première chose à faire est d'identifier le segment de clientèle que vous voulez adresser. Il ne s'agit pas de le choisir au hasard mais plutôt dans un secteur que vous maîtrisez un minimum et qui est géographiquement accessible. Ce dernier point est d'ailleurs important si vous êtes une petite entreprise car vous n'avez sans doute pas les moyens de partir tous les jours aux Etats-Unis pour étudier la vie des étudiants sur les campus américains.

Une fois que vous avez trouvé à qui vous allez vous intéresser, il faut aller rencontrer vos clients et échanger avec eux sur certains aspects de leur mode de vie et les problèmes qu'ils rencontrent lorsqu'ils exécutent les tâches correspondantes.

Par exemple, si vous connaissez bien le monde universitaire et que vous allez interviewer des étudiants sur la façon dont ils vivent et gèrent la recherche de chambre en début d'année universitaire, vous allez récolter un grand nombre d'informations pratiques sur les problèmes auxquels ils font face.

Vient ensuite le temps de l'analyse où vous allez devoir relier les différentes expériences recueillies, en tirer les éléments caractéristiques et donc, au final, établir la liste des problèmes rencontrés.

La Proposition de Valeur va donc pouvoir se construire en proposant des solutions concrètes à ces problèmes. Dans le cas présent, ce pourra être une plate-forme d'échange de chambres ou un site mettant en relation des propriétaires avec des étudiants. La seule chose dont vous devez vous assurer est que votre Proposition de Valeur résout effectivement les problèmes auxquels vos clients potentiels sont confrontés.

La dernière étape consiste à soumettre à ces mêmes étudiants votre Proposition de Valeur et votre solution et regarder dans quelle mesure elle leur convient car au final, ce sont eux qui vont y adhérer ou non. Vous devrez donc faire preuve d'une grande humilité face à leurs réponses et, éventuellement, revoir votre copie si les réponses que vous avez apportées ne conviennent pas !

Alors, comment bien gérer sa proposition de valeur ?

On l'a vu, la Proposition de Valeur n'intervient que comme la réponse à des problèmes identifiés chez vos clients potentiels. Il s'agit donc de commencer par le commencement, à savoir identifier les problèmes !

Ensuite, il ne faut jamais oublier qu'il s'agit d'un processus itératif en ce sens où la première version de votre Proposition de Valeur a peu de chances de correspondre vraiment aux attentes de vos clients. Vous devrez donc l'améliorer souvent pour répondre au mieux aux problèmes et besoins de vos clients.

P comme … Prud'hommes

****

Les conseils de prud'hommes sont une juridiction de proximité qui juge les litiges relevant du droit du travail et qui a une double particularité :

- ses membres sont élus par les salariés et les employeurs de toutes les entreprises de France pour une période de 5 ans (parfois prorogée …)
- ils siègent par bureaux composés de 2 conseillers salariés et de 2 conseillers employeurs

Ces deux caractéristiques permettent de rendre des jugements qui tiennent compte de la réalité économique du terrain, pas comme le feraient des juges professionnels qui appliqueraient le droit du travail de manière plus froide.

Les Prud'hommes pour l'entreprise qu'est-ce que c'est ?

Les prud'hommes sont souvent perçus par les employeurs comme l'arme ultime utilisée par les salariés pour obtenir gain de cause dans un conflit qui les oppose à eux.

Or en pratique, il faut savoir que même si les statistiques semblent montrer que dans la majorité des cas le salarié gagne face à son employeur, cela ne donne qu'un aperçu de la réalité puisque les litiges arrivant devant le conseil des prud'hommes ne sont qu'une petite partie de l'ensemble des conflits entre employeurs et salariés.

Par ailleurs, ces statistiques ne donnent pas un élément important qui est que très souvent le conseil des prud'hommes ne condamne pas l'entreprise à payer les sommes demandées par le salarié mais tient compte de la réalité économique.

Cas pratique

Il existe en pratique 3 grandes familles de litiges traités par les conseils de prud'hommes :

- les contestations de licenciement
- les non-paiements d'heures supplémentaires
- le harcèlement

Pour se prémunir contre ces problèmes qui représentent la majorité des cas traités devant les conseils de prud'hommes, il faut être sérieux et rigoureux.

Pour éviter les problèmes liés à un licenciement il faut bien choisir le mode de rupture du contrat de travail en fonction de la situation. Dans certains cas une rupture conventionnelle sera plus adaptée, mais dans d'autres cas un licenciement pour faute sera nécessaire. Il existe également des modes de rupture de contrat de travail moins connus, c'est pourquoi avant d'engager quelque procédure que ce soit, il faut faire appel à un conseil spécialisé en droit du travail.

Concernant les heures supplémentaires ou les paiements de salaire en général, il faut payer les sommes dues sans rechigner ou sans tenter de trouver un arrangement du type paiement en espèces non déclaré. Car, sur ce dernier point, non seulement le salarié est lésé car il ne paie pas de cotisations sociales sur ces sommes, ce qui va avoir à terme un impact sur sa retraite, mais en plus, il y a un principe qui est que lorsque tout va bien, ça va, mais lorsque le climat se dégrade, on oublie tous les arrangements de toutes sortes. A ce moment, le salarié réclamera ses heures non payées légalement et l'employeur sera incapable de prouver le contraire …

Enfin, concernant le harcèlement, il vaut mieux mettre fin à un contrat de travail en dépensant un peu d'argent en indemnités de licenciement plutôt que d'essayer de faire démissionner le salarié en le harcelant. Non seulement c'est humainement plus correct, mais en plus, de manière très pratique, le coût final est moins important lorsqu'on fait les choses dans le respect de la loi et des personnes.

Alors, comment bien gérer les prud'hommes ?

Dans tous les cas, il faut savoir que le droit du travail est comme les poupées russes, c'est-à-dire que la condamnation d'un employeur sur un chef de demande en entraîne d'autres de manière automatique. Cet empilement de condamnations peut alors coûter très cher à l'entreprise dans tous les sens du terme.

Il faut donc avoir en permanence à l'esprit deux principes :

- savoir se faire aider quand on pense ne pas pouvoir le faire soi-même
- ne jamais attendre qu'une situation s'envenime pour agir

Q comme ... Qualité

***

La qualité est un terme très souvent utilisé et qui a plusieurs sens. Le premier d'entre eux est qu'il est souvent opposé à la notion de « quantité ». Il intervient aussi dans l'expression de « qualité-prix ».

En bref, la qualité est souvent comprise comme l'absence de défaut. Plus généralement, c'est une notion qui se réfère à celle de niveau acceptable de défauts. En d'autres termes, on peut accepter un certain nombre de défauts sur un produit ou un service, mais si ce nombre est inférieur à ce qu'on juge acceptable, alors on considèrera le produit ou le service comme étant de qualité.

Ainsi, la notion de qualité est très subjective ...

La Qualité pour l'entreprise qu'est-ce que c'est ?

Concrètement, pour une entreprise, la qualité se situe à plusieurs niveaux.

Le premier est que les process de fabrication doivent respecter certaines règles qui sont censées conduire à un niveau minimal de défauts. Pour dire les choses simplement, la qualité du produit fini est le reflet de la qualité de la fabrication de ce produit.

Ensuite, l'entreprise doit s'assurer que le service qu'elle associe à son offre est de qualité, c'est-à-dire qu'elle répond aux attentes de ses clients. Ce qui présuppose qu'on connaisse ces attentes ...

Enfin, le produit ou le service fourni doit être « de qualité », c'est-à-dire pouvoir justifier son prix.

Cas pratique

La première chose à faire, comme souvent, est de partir des attentes des clients. Cela suppose qu'on les connaît, en moyenne. Il ne s'agit pas en effet de faire quelque chose de parfait pour satisfaire seulement 5% de ses clients, il s'agit en revanche de satisfaire la majorité d'entre eux, même si le produit ou le service comporte certains défauts.

Ensuite, il est important de connaître les niveaux acceptables de défauts. Dans certains cas ils sont définis par des normes, mais dans d'autres cas ils sont plus empiriques. Par exemple, un prix plus bas pourra permettre de tolérer certains défauts qu'un prix élevé empêcherait.

De plus, la tentation est souvent grande de faire de la sur-qualité. Or cela a un coût car il faut augmenter le nombre de contrôles et surtout rejeter un plus grand nombre de pièces. Pour autant, cette démarche ne sert pas à grand-chose car dans la mesure où le produit (ou le service) propose un niveau de défauts inférieur à ce qui est accepté, la valeur perçue par les clients est difficile à monétiser.

Par ailleurs, la notion de qualité est fluctuante c'est pour cela qu'il faut être capable d'adapter la qualité de ses produits pour ne pas se retrouver un moment donné en sous-qualité et un autre moment en sur-qualité.

Enfin, depuis des années, les entreprises se sont dotées d'équipes de « contrôle qualité » mais lorsque celles-ci n'interviennent qu'en fin de production, elles ne peuvent que constater le niveau de défaut. Pour être efficaces, ces équipes doivent intervenir conjointement avec le reste des salariés, tout au long du processus de fabrication, depuis la conception jusqu'à l'expédition.

Alors, comment bien gérer sa qualité ?

La première chose à faire est bien de connaître ce que les clients acceptent comme niveau de qualité. Autrement dit quel est leur niveau de tolérance sur les défauts.

Une fois ce diagnostic fait, il faut impliquer l'ensemble de l'entreprise pour faire en sorte que ce niveau de qualité soit atteint. Tout en gardant en tête qu'il faut parfois savoir s'arrêter dans la traque aux défauts car les gains possibles seront inférieurs aux dépenses engagées.

Enfin, Il ne faut jamais perdre de vue que les besoins et les attentes des personnes évoluent. La notion de qualité aussi. L'entreprise va alors devoir s'adapter en permanence pour répondre au mieux à ces exigences …

Q comme ... Questionner

***

Lorsqu'un entrepreneur décide de lancer un nouveau produit ou un nouveau service il passe par plusieurs phases qui vont de l'idée d'origine à la commercialisation.

A chaque étape du processus il est amené à se poser pas mal de questions sur le design du produit, ses caractéristiques techniques, sa commercialisation, la communication à mettre en œuvre, etc..

Mais il est un point qu'il peut être amené à négliger et qui peut se révéler fatal : celui d'interroger ses futurs clients. En effet, s'il est très important de se poser beaucoup de questions sur son produit et ce qui s'y rattache, il est encore plus important de questionner ceux qui sont censés l'acheter. Cela permet de savoir si on fait fausse route ou quelles sont les caractéristiques vraiment importantes que le produit doit avoir.

Poser des Questions pour l'entreprise qu'est-ce que c'est ?

Concrètement, cela signifie qu'à chaque phase importante du projet il est nécessaire de questionner celles et ceux qui vont être amenés à utiliser le produit. Le principe est celui du lean startup qui consiste à faire des hypothèses, les tester, mesurer le résultat et en tirer des conclusions (on continue, on améliore, on abandonne).

Pour cela il faut d'abord commencer par identifier son ou ses segments de clientèle pour disposer de résultats pertinents.

Ensuite, il faut leur soumettre les différentes hypothèses qui doivent être validées et récolter les résultats. En fonction de ceux-ci, les actions nécessaires doivent être menées.

Cas pratique

Il existe plusieurs façons de questionner ses futurs clients (ou ses clients existants si vous en avez déjà). Mais si la forme des questions peut varier, le fond est toujours le même : avoir une relation directe avec ses clients.

On peut tout d'abord aller dans la rue et questionner les personnes qui semblent correspondre le mieux au profil qu'on a établi. Par exemple, si vous voulez lancer un service de stockage de valises le mieux est d'aller interviewer les personnes sortant de magasins où on vend des valises …

Ensuite, on peut utiliser les réseaux sociaux en interrogeant les personnes sur le produit qu'on veut lancer. Cela suppose toutefois que vous avez une notoriété suffisante pour disposer d'un nombre de « fans » suffisants pour être représentatifs. Ce qui est complexe dans ce cas, c'est de rédiger un formulaire en ligne qui soit à la fois suffisamment pertinent pour être utilisable et à la fois suffisamment simple pour que les gens acceptent d'y répondre …

On peut encore créer des événements lors desquels vous présentez le produit et recueillez ensuite l'avis des premiers utilisateurs. Cela suppose cependant que vous disposez lors de cet événement d'un produit suffisamment développé et également d'une base de clients suffisante.

Enfin, comme il faut questionner ses futurs utilisateurs à chaque phase de développement du produit, il faut adapter la façon de faire au stade d'avancement du produit. L'interview directe étant plus adaptée au tout début et la présentation et le recueil d'avis sur la version béta du produit étant plutôt pour les dernières phases de développement.

Alors, comment bien poser des questions ?

La première chose à faire est de poser des questions qui permettent de comprendre les problèmes que les gens ont (et que votre solution permet de résoudre), plutôt que de demander directement ce qu'ils pensent de votre solution.

Ensuite, il faut accepter les réponses et si elles ne sont pas conformes à ce que vous attendiez, il faut poser d'autres questions pour savoir quels sont les attentes réelles des (futurs) clients. Cela permet éventuellement de « pivoter » c'est-à-dire de trouver d'autres solutions en partant de ses acquis.

Dans tous les cas, savoir questionner les personnes que vous pensez être vos futurs clients est fondamental pour être en mesure de proposer un produit ou un service qui aura un marché. Sinon, vous vous serez posé beaucoup de questions pour rien …

R comme … Recouvrement

***

Le recouvrement regroupe l'ensemble des actions qui sont mises en œuvre par une personne morale ou physique pour recouvrer, c'est-à-dire récupérer, les sommes dues par un débiteur.

Dans l'affaire il y a donc a minima deux parties : le créancier qui a émis une facture et le débiteur qui est censé la payer. Une troisième partie peut venir se greffer dans le processus de recouvrement, qui est l'organisme chargé de recouvrer les sommes dues au créancier par le débiteur.

Le recouvrement est donc une procédure assez fréquente pour une entreprise, qu'elle soit d'ailleurs considérée comme la créancière ou la débitrice …

Le Recouvrement pour l'entreprise qu'est-ce que c'est ?

Dans le cas présent, je ne considèrerai que le cas de l'entreprise créancière et qui a affaire à un débiteur qui lui doit une certaine somme d'argent.

Une procédure de recouvrement peut se découper en trois phases :

- le recouvrement commercial
- le recouvrement amiable
- le recouvrement judiciaire

La plupart des entreprises font d'ailleurs du recouvrement commercial sans le savoir puisqu'il s'agit généralement de ce qu'on nomme les «

relances ». Ces actions, plus ou moins appuyées, consistent à rappeler au débiteur qu'il a dépassé la date de paiement de sa facture.

Cas pratique

Le recouvrement amiable et le recouvrement judiciaire sont deux actions distinctes mais qui sont liées chronologiquement et même, dans une certaine mesure, techniquement.

Le recouvrement amiable peut parfaitement être exécuté par l'entreprise elle-même. Il consiste en 3 étapes :

- identifier qui est le débiteur : cela peut paraître étrange mais parfois on ne sait pas réellement qui est le bon interlocuteur, or pour être efficace, il faut savoir qui va payer
- lui faire prendre conscience de ce retard de paiement et valider le fait qu'il n'existe aucun litige avec votre entreprise qui pourrait justifier (ou au moins expliquer) ce retard
- négocier les conditions dans lesquelles le paiement va avoir lieu

Si le débiteur reste sourd à vos demandes ou qu'il ne respecte pas l'échéancier de paiement, il est alors non seulement possible mais conseillé de passer au recouvrement judiciaire.

Cette étape doit être réalisée par un professionnel car elle est assez technique. Vous pouvez donc soit mandater une entreprise spécialisée, soit transmettre tous les éléments à un huissier qui pourra alors demander au juge de prononcer une « injonction de payer ».

Mais attention, obtenir une injonction de payer devant un juge ne signifie pas un règlement automatique de la dette car le débiteur peut contester l'injonction et dans ce cas l'affaire sera renvoyée devant la juridiction compétente ce qui lui permet de gagner du temps …

Si vous voulez augmenter vos chances de récupérer ce que votre débiteur vous doit, il est important de bien documenter votre dossier et démontrer que vous avez tout mis en œuvre pour recouvrer votre dû de manière amiable ; cela prouvera votre bonne foi et la mauvaise foi de votre débiteur.

Alors, comment bien gérer le recouvrement ?

Pour bien gérer un recouvrement il faut savoir anticiper et donc s'y prendre le plus tôt possible. Une astuce pratique consiste à prévenir « amicalement » votre client que sa facture arrive bientôt à échéance. Cela lui rappellera qu'il doit la payer et vous évitera d'attendre un encaissement tardif.

Ensuite, il faut traiter les problèmes quand ils se présentent : il ne faut pas faire traîner les choses au prétexte qu'on connaît le client et qu'il va régler un jour …

Enfin, si vous le menacez, il faut mettre vos menaces à exécution faute de quoi vous ne serez plus crédible : les menaces qui aboutissent à d'autres menaces sont à proscrire car le client va le comprendre et ne jamais payer …

R comme … Réseaux Sociaux

***

Pour dire vrai, les réseaux sociaux ne sont pas une invention du XXIème siècle car depuis qu'il y a des civilisations sur terre, les hommes ont utilisé leurs réseaux pour développer leurs affaires.

Ce qui caractérise ce qu'on nomme aujourd'hui les réseaux sociaux, c'est la capacité de se créer un réseau rapidement, facilement et à l'échelle mondiale. Cependant, devant la multitude de plateformes il faut savoir faire son choix car chaque réseau social a ses spécificités.

Les Réseaux Sociaux pour l'entreprise qu'est-ce que c'est ?

La première chose à bien comprendre est qu'un réseau social n'est pas une place de marché où l'entreprise pourra vendre des produits. C'est la plus grande erreur des chefs d'entreprise qui pensent qu'avoir une page Facebook va booster leurs ventes.

En fait, un réseau social est, comme son nom l'indique, un lieu où on peut échanger des informations. Ces échanges se font au sein d'un groupe de personnes. Mais chaque personne faisant partie de plusieurs groupes, elle peut « transférer » l'information d'un groupe à un autre, conduisant ensuite à une plus large diffusion.

Mais cette personne ne fera cela que si elle pense que l'information est utile, importante ou « cool » !

C'est ainsi que peut se construire la notoriété d'une marque, en étant diffusée largement et en étant supportée par des personnes qui en deviennent des vrais ambassadeurs, tellement ils sont convaincus qu'elle leur apporte quelque chose de positif.

Cas pratique

Selon les produits proposés ou la nature de l'entreprise, il faudra choisir le ou les réseaux sociaux qui correspondent le mieux.

Ainsi, Facebook permet de véhiculer des informations entre des amis. Les échanges entre personnes portant donc a priori davantage sur des produits s'adressant aux particuliers (vêtements, parfums, loisirs, etc.).

X (ex-Twitter) est plus professionnel et s'apparente davantage à un site de micro-blogging. Les informations qui s'y trouvent étant essentiellement sous la forme de courtes informations pratiques de 140 caractères. De fait, les commentaires sont souvent aussi longs que l'information elle-même.

LinkedIn est très professionnel et concerne donc plutôt les échanges entre entreprises ou, comme c'est la tendance, entre des personnes recherchant un emploi et des entreprises susceptibles de les embaucher.

Instagram est un réseau social racheté il y a quelques années par Facebook et qui est de plus en plus utilisé par les marques car il est avant tout un réseau où on met en avant des photographies des produits.

TikTok est un réseau social où on retrouve des photographies et de courtes vidéos avec des textes les accompagnant. Il est de plus en plus utilisé par les marques qui se détournent peu à peu de Facebook.

Alors, comment bien gérer les réseaux sociaux ?

Avoir un ou des comptes sur les principaux réseaux sociaux est une chose, les faire vivre en est une autre. C'est une activité qui prend beaucoup de temps si on veut la faire sérieusement.

L'enjeu est également très fort car l'entreprise est en lien direct avec ses clients. Elle devra donc être en mesure de réagir très vite en cas de question ou de problème, faute de quoi, une information négative pourra se propager comme une traînée de poudre sur le web, écornant l'image de l'entreprise.

Avant d'utiliser les réseaux sociaux, il convient donc de s'y préparer et de s'en donner les moyens, c'est la crédibilité de l'entreprise qui est en jeu.

R comme … Rétention

***

La rétention est le dernier élément du triptyque : acquisition – conversion – rétention. C'est l'étape qui consiste à retenir et à faire revenir les clients que vous avez réussi à trouver et à qui vous avez pu vendre votre produit ou votre service.

On comprend donc que ce soit une notion très importante pour l'entreprise car les efforts commerciaux à mettre en avant pour retenir un client sont généralement beaucoup moins importants financièrement que ceux qui sont nécessaires à mettre en œuvre pour le dénicher.

La Rétention pour l'entreprise à quoi ça sert ?

Pour l'entreprise la rétention sert à disposer de clients récurrents. Ou plutôt, la rétention est ce qui caractérise le fait qu'il y ait des clients récurrents.

C'est donc un point fondamental car le travail le plus long et le plus complexe pour une entreprise est de trouver ses clients et de les convaincre que son offre correspond à leurs besoins.

Lorsqu'il y a de la rétention, cela signifie donc que l'offre de l'entreprise convient.

Cas pratique

En pratique, il faut savoir que la rétention se mesure.

C'est-à-dire qu'il est parfaitement possible (et donc nécessaire) de mesurer la rétention. Pour cela, il faut conserver l'historique de tous les achats réalisés par vos clients en identifiant la date, le produit ou le service qui a été acheté et surtout qui l'a acheté.

En faisant cela, vous remplissez une base de données qui va vous permettre ensuite de voir combien de clients reviennent et s'ils reviennent pour acheter de nouveaux produits ou s'ils reviennent pour acheter les mêmes.

La rétention est donc caractérisée par le rapport entre le nombre de clients qui reviennent acheter et le nombre de clients qui achètent. Ainsi, si une semaine donnée, vous avez 150 clients qui achètent et que parmi eux, 15 ont déjà acheté quelque chose chez vous, cela signifie que vous avez un taux de rétention de 10 % (15 / 150).

Seulement, une donnée seule ne veut rien dire. Pour en déterminer la pertinence, il est nécessaire de la mettre en perspective et donc de mesurer son évolution dans le temps.

Si je reprends le même exemple que précédemment, si vous voyez que, semaine après semaine, le taux de rétention augmente, c'est plutôt bon signe car cela signifie que vous êtes en train de vous constituer une clientèle récurrente. Cela va donc vous permettre de vous projeter de façon réaliste.

A l'inverse, si vous voyez que ce taux de rétention diminue d'une semaine à l'autre, alors il y a lieu de s'interroger sur les raisons de cette baisse. En effet, cela peut signifier que vos clients n'ont pas été suffisamment convaincus de votre offre et qu'ils ne désirent pas renouveler l'expérience. Cela peut aussi signifier que vous n'avez qu'un seul produit et qu'il n'y a pas lieu de renouveler son achat régulièrement.

Dans tous les cas, surveiller la variation de son taux de rétention est une chose encore plus importante que de mesurer le taux lui-même !

Alors, comment bien gérer la rétention ?

Le taux de rétention est une donnée fondamentale dans la mesure où c'est elle qui va permettre de savoir si vos clients sont satisfaits de vos services ou de vos produits.

Tout cela bien entendu n'a de sens que si vous proposez une offre qui a pour vocation à être renouvelée. Par exemple, vous pouvez proposer une inscription gratuite à un service pendant une durée de 1 mois et qui devient payante par la suite. Si les clients sont satisfaits de l'offre, ils vont rester et payer : vous les aurez alors retenus !

Mais ce qui est important, au-delà des mesures faites sur le taux de rétention ou sur sa variation, c'est de comprendre pourquoi votre offre séduit ou pas. C'est en effet uniquement par cette réflexion que vous pourrez améliorer votre offre en la faisant vraiment correspondre aux attentes de vos clients.

R comme … Réunion

***

La réunion est un moment particulier dans une journée car c'est le moment où se retrouvent des personnes qui généralement travaillent séparées.

Le but de ces regroupements est d'échanger sur un sujet établi à l'avance afin de trouver des solutions à un problème, d'informer les autres personnes de l'état d'avancement d'un projet ou de prendre des décisions et de mettre en place un plan d'actions.

Une réunion est donc un moment important mais dans la mesure où chaque participant n'effectue pas son travail habituel pendant ce temps, il est important que non seulement elle ne dure pas trop longtemps, mais qu'en plus elle soit efficace dans le sens où des choses y soient décidées.

Les Réunions pour l'entreprise à quoi ça sert ?

La réunion sert à regrouper différentes personnes concernées de près ou de loin par un ou plusieurs problèmes afin de décider d'un plan d'actions visant à les résoudre.

C'est sans doute une vision un peu théorique des choses, mais qu'il ne faut jamais perdre de vue lorsqu'on organise une réunion.

Si on devait donner une image de ce qu'une réunion ne doit pas être, on dirait qu'une réunion n'est pas un moment où on parle de son week-end, ce n'est pas un endroit où on vient pour se montrer, ce n'est pas un moment qui s'éternise et enfin, ce n'est pas un lieu où chacun donne son point de vue sans tenir compte de celui des autres.

Cas pratique

En pratique, une réunion se prépare. Cela signifie que celui qui organise la réunion ne doit le faire que s'il a établi un ordre du jour précis. Il ne s'agit pas en effet d'improviser car le temps de chacun est précieux et il ne serait pas acceptable que les participants à une réunion y perdent leur temps.

La deuxième chose qui est importante est qu'une réunion doit être limitée dans le temps. Cela signifie qu'elle doit débuter et finir à une heure donnée. Le fait de fixer les bornes évite les digressions sans fin autour de sujets qui n'ont parfois rien à voir avec le thème de la réunion.

La troisième chose est qu'une réunion doit être pilotée. En d'autres termes, il y a une personne qui anime la réunion, passant la parole à ceux qui doivent s'exprimer et rappelant en permanence les points qui doivent être abordés.

La quatrième chose importante est qu'une réunion doit être constructive. Il ne sert à rien de réunir des personnes pour parler de tout et de rien et qu'aucune décision ne soit prise. Il n'y a rien de pire en effet qu'une réunion où on décide qu'il faudra faire une autre réunion … A l'issue de la réunion, un plan d'actions doit être établi avec, pour chaque action, un responsable et un délai d'exécution.

La cinquième chose est qu'une réunion n'est pas, en principe, un lieu pour se montrer. L'organisateur de la réunion devra prendre garde de n'y faire participer que ceux qui ont une capacité de décision. En effet, dans la mesure où des décisions sont prises lors de la réunion, il est nécessaire que les personnes en charge d'actions aient le pouvoir et la légitimité de les mettre en œuvre.

Alors, comment bien organiser des réunions dans son entreprise ?

Bien organiser une réunion dans son entreprise suppose donc qu'on a défini un ou plusieurs points à traiter et que l'objectif de la réunion soit de mettre en place un plan d'actions concret avec un responsable et un planning.

Bien entendu, cela signifie que l'objectif de la réunion est clair pour chacun dès le départ et que chacun y arrive préparé. Envoyer à l'avance aux participants l'ordre du jour est nécessaire si on veut une réunion efficace.

Enfin, il ne faut pas perdre de vue que si le fait d'échanger avec ses collaborateurs est quelque chose de précieux dans une entreprise, passer sa vie en réunion et donc être atteint de « réunionite » peut être néfaste, ne serait-ce que parce que les personnes en charge d'une ou plusieurs actions doivent avoir suffisamment de temps pour s'y consacrer …

R comme ... Redressement Judiciaire

***

Lorsqu'une entreprise est en état de cessation des paiements, c'est-à-dire concrètement qu'elle n'est plus en mesure de faire face à ses engagements de dépenses, son dirigeant est alors susceptible de déposer le bilan et se mettre sous la protection du Tribunal de Commerce qui va geler le passif et va désigner entre autres un Juge Commissaire qui va devenir le nouvel interlocuteur du dirigeant, un Mandataire Judiciaire qui devient le représentant unique des créanciers et éventuellement un Administrateur Judiciaire qui va co-gérer l'entreprise avec le dirigeant.

Il se peut également que la procédure ne soit pas à l'initiative du dirigeant, mais qu'elle soit la conséquence d'une assignation par un tiers qui n'étant pas payé depuis quelques temps estime que le seul moyen de recouvrer les sommes qui lui sont dues est de passer par le Tribunal de Commerce.

En pratique, les organismes sociaux et fiscaux utilisent fréquemment cette méthode ...

Le Redressement Judiciaire pour l'entreprise qu'est ce que c'est ?

Concrètement, cela signifie que le dirigeant perd la main sur son entreprise puisqu'il doit rendre des comptes à différents interlocuteurs désignés par le Tribunal de Commerce.

Par ailleurs, s'il est caution personnel pour des prêts ou autres engagements, les créanciers peuvent l'appeler pour assumer les sommes dues sur ses propres deniers.

Cas pratique

Le Redressement Judiciaire est en principe une procédure en trois temps :

le jugement d'ouverture qui permet de définir la date à laquelle l'entreprise entre en Redressement Judiciaire

la période d'observation qui dure de 6 mois à 12 mois (voir plus) pendant laquelle le Tribunal s'assure que l'entreprise est restructurée et pendant laquelle il est strictement interdit de faire de nouvelles dettes

le plan de continuation qui est proposé à l'issue de la période d'observation et qui permet de définir un plan de remboursement du passif

Au-delà des contraintes personnelles en cas d'appel des cautions par les créanciers concernés, la situation la plus délicate à gérer est sans nul doute l'impossibilité de faire de nouvelles dettes.

Il est donc vital pour l'entreprise de retrouver rapidement le chemin de la rentabilité, ce qui passe de manière quasiment automatique par une restructuration importante de l'entreprise.

Cette restructuration est fondamentale car elle permet de changer ce qui n'allait pas auparavant et qui a conduit l'entreprise à cette situation. C'est la raison pour laquelle les dettes sont gelées pendant la période d'observation : pour permettre au dirigeant de l'entreprise de se concentrer sur cette tâche sans être en permanence harcelé par les créanciers.

Mais attention, la rentabilité atteinte après restructuration doit tenir compte du plan de remboursement des dettes sinon le Tribunal de Commerce pourra estimer que l'entreprise ne peut pas aller vers un plan de continuation et qu'elle doit donc être liquidée ...

Alors, comment bien gérer un Redressement Judiciaire ?

La première chose à faire est d'anticiper au maximum les choses. En effet, il faut être en mesure, très rapidement, de mettre en place les actions visant à restructurer l'entreprise et de disposer de suffisamment de trésorerie pour pouvoir continuer à honorer les diverses charges qui permettent à l'entreprise de vivre.

Ensuite, il faut communiquer au maximum avec son entourage professionnel immédiat (salariés, fournisseurs, banques) pour le rassurer et l'impliquer au maximum dans la nouvelle structure qui va naître pendant la période d'observation.

Enfin, il faut s'appuyer sur son entourage personnel en expliquant les choses et en dédramatisant la situation. C'est la meilleure façon d'avoir un soutien efficace qui évitera le célèbre triplet des 3D : Dépôt de Bilan, Dépression, Divorce ...

R comme … Rupture Conventionnelle

***

Comme son nom l'indique, la Rupture Conventionnelle est une façon de mettre fin à un contrat de travail entre un employeur et son salarié.

Ce mode de rupture remplace les licenciements « amiables » déguisés en licenciements pour faute avec une transaction souvent occulte, depuis le 25 juin 2008, date à laquelle des lois ont été votées pour moderniser le marché du travail.

Mais, si la Rupture Conventionnelle a le mérite de clarifier les choses, elle est devenue avec le temps un moyen pour les salariés de démissionner tout en ayant la possibilité de percevoir des allocations chômage …

La Rupture Conventionnelle pour l'entreprise qu'est ce que c'est ?

Concrètement, comme son nom ne l'indique pas forcément, la Rupture Conventionnelle suppose l'accord des deux parties. Autrement dit, une partie ne peut pas forcer l'autre à accepter ce mode de rupture du contrat de travail.

Si l'employeur ne souhaite pas que son salarié quitte l'entreprise dans ces conditions, rien ne l'y oblige, ceci étant vrai dans l'autre sens …

Cas pratique

Si une des deux parties souhaite la mise en place d'une Rupture Conventionnelle, elle doit avertir l'autre partie de son intention, même par oral.

Dans le cas où c'est le salarié qui demande à la mettre en place, il vaut mieux lui demander de rédiger une demande manuscrite, datée et signée. Le but de ce document étant de démontrer, en cas de litige ultérieur, que le salarié est bien à l'origine de la procédure et qu'il n'a pas été contraint.

Si l'employeur accepte, il doit envoyer un courrier recommandé au salarié (ou lui remettre en mains propres) dans lequel il le convoque à un entretien. Il faut bien préciser que le salarié aura le droit de se faire accompagner.

A l'issue de l'entretien, il faudra rédiger une convention dans laquelle tous les détails de l'entretien seront repris : état-civil du salarié, montant de l'indemnité de rupture, etc.. Cette convention, signée des deux parties, sera ensuite jointe au formulaire qui est envoyé à la DIRRECTE pour homologation.

Plusieurs entretiens peuvent avoir lieu et à l'issue du dernier entretien, débute une période de 2 semaines calendaires pendant lesquelles le salarié (ou l'employeur) peuvent se rétracter. Si, à l'issue de ces 2 semaines, les parties sont toujours d'accord, il faut alors envoyer la demande d'homologation et une copie de la convention à la DIRRECTE.

Celle-ci a 15 jours ouvrables (3 semaines) pour statuer. Si elle ne donne pas de nouvelles dans les 3 semaines, la demande sera réputée homologuée.

Attention toutefois, car dans la demande d'homologation, il faut préciser la date de fin de rupture. Pour ne pas se tromper, il vaut mieux indiquer comme date le lendemain de la date de fin de délai d'instruction de la DIRRECTE car on ne sait jamais en combien de temps elle peut répondre …

Alors, comment bien gérer une Rupture Conventionnelle ?

Pour bien gérer une Rupture Conventionnelle, il faut suivre pas à pas le formalisme imposé par la loi.

Les deux points à ne pas négliger sont :

- les délais prévus à chaque étape de la procédure
- le montant de l'indemnité de rupture qui ne peut pas être inférieure à ce que la Convention Collective prévoit

Enfin, pour éviter tout litige, il faut que, si la demande provient du salarié, celui-ci la fasse par écrit et la signe …

S comme ... Sauvegarde

****

Lorsqu'une entreprise commence à avoir des difficultés, c'est-à-dire que sa rentabilité commence à baisser ou qu'elle va devoir faire face à de grandes dépenses liées à une restructuration à venir, la Sauvegarde peut-être un outil de gestion adapté.

En effet, la condition principale de mise d'une entreprise en Sauvegarde est qu'elle ne soit pas en état de cessation des paiements mais qu'elle soit entrée dans une zone de turbulences telle que si rien n'est fait, elle ne sera bientôt plus en mesure d'assumer ses créances.

Sur le principe, cette procédure est donc à considérer comme préventive au sens où elle permet de geler le passif de l'entreprise avant qu'il ne soit trop tard et que cette dernière ne soit plus en mesure de rebondir.

La Sauvegarde pour l'entreprise qu'est ce que c'est ?

Concrètement, et contrairement au Redressement Judiciaire, le dirigeant reste aux manettes. De même, dans la plupart des cas, il ne devra même pas avoir à demander son accord préalable au Mandataire Judiciaire qui est nommé par le Tribunal de Commerce pour acheter des produits ou des services.

Mais attention, c'est une procédure collective et pendant la période d'observation, il ne sera pas question de faire de dettes nouvelles, sinon l'entreprise passera soit en Redressement Judiciaire, soit directement en Liquidation Judiciaire.

Cas pratique

La Sauvegarde est en principe une procédure en trois temps :

- le jugement d'ouverture qui permet de définir la date à laquelle l'entreprise entre en Sauvegarde
- la période d'observation qui dure de 6 mois à 12 mois (voir plus) pendant laquelle le Tribunal s'assure que l'entreprise est restructurée et pendant laquelle il est strictement interdit de faire de nouvelles dettes
- le plan de continuation qui est proposé à l'issue de la période d'observation et qui permet de définir un plan de remboursement du passif

Pendant la période d'observation, les cautions ne peuvent pas être appelées, ce qui est plutôt réconfortant et permet au chef d'entreprise (qui est très souvent caution) de se concentrer sur la gestion de son entreprise.

L'autre point important est que la Sauvegarde n'est pas un Redressement Judiciaire. Or dans les marchés publics il y a une petite case à cocher si l'entreprise soumissionnaire est en Redressement Judiciaire. Dans le cas d'une Sauvegarde, il ne faut donc pas la cocher

...

Cela dit, il faut quand même conserver à l'esprit qu'une Sauvegarde n'est pas une procédure anodine et que tout ce qui est vrai pour les entreprises en Redressement Judiciaire l'est pour celles en Sauvegarde : encours qui passent à zéro, impossibilité de faire des dettes nouvelles, etc..

Tous les efforts du dirigeants devront donc porter sur la préparation avant l'entrée en Sauvegarde puis sur la mise en place d'un plan visant à restructurer l'entreprise afin de la rendre suffisamment rentable pour pouvoir repartir à l'issue de la période d'observation et de payer le passif.

Alors, comment bien gérer une Sauvegarde ?

Comme pour le Redressement Judiciaire, la première chose à faire est d'anticiper au maximum les choses. En effet, il faut être en mesure, très rapidement, de mettre en place les actions visant à restructurer l'entreprise et de disposer de suffisamment de trésorerie pour pouvoir continuer à honorer les diverses charges qui permettent à l'entreprise de vivre.

Ensuite, il faut communiquer au maximum avec son entourage professionnel immédiat (salariés, fournisseurs, banques) pour le rassurer et l'impliquer au maximum dans la nouvelle structure qui va naître pendant la période d'observation.

Enfin, il faut s'appuyer sur son entourage personnel en expliquant les choses et en dédramatisant la situation. C'est la meilleure façon d'avoir un soutien efficace qui permettra au dirigeant de se concentrer sur l'activité de son entreprise.

S comme ... Service

∗∗∗

Le service est ce qui accompagne la fourniture de produits en ce sens où c'est qui permet à ce dernier d'être vendu, emballé, livré, maintenu, etc..

Le service est aussi l'image qui sera la moins visible de votre entreprise mais qui fera votre réputation : vous pouvez vendre la meilleure voiture du monde, si vous n'êtes pas capable de répondre aux questions de vos clients, vous aurez une image calamiteuse.

Le service est donc fondamental et les entreprises ont tendance à l'oublier, se contentant de se cantonner au domaine technique.

Le Service pour l'entreprise qu'est ce que c'est ?

Concrètement, on pourrait dire que le service est l'ensemble des actions qui mettent les personnes de votre entreprise en relation directe avec vos clients. Cela commence par l'accueil (physique ou téléphonique) puis continue avec la réalisation du devis, le suivi de la commande et enfin la livraison, puis se termine avec le SAV et la maintenance.

On se rend alors compte que le produit est presque un prétexte pour créer une relation entre l'entreprise et ses clients ! En tout cas, il ne faut absolument pas négliger ces aspects car ils sont fondamentaux.

Cas pratique

De tout temps, les clients ont été exigeants. Cela peut se comprendre car ils dépensent de l'argent pour quelque chose et ils attendent donc en retour un minimum de services.

La vraie difficulté est que les attentes des clients peuvent se nicher dans des endroits où on n'y pense pas comme par exemple la façon d'être accueilli au téléphone ou la possibilité de demander un devis le samedi soir !

Vous devez donc décomposer votre activité en étapes unitaires et identifier où vous apportez un service (ou en tout cas où vous êtes susceptible de le faire …).

Ensuite, vous devez aller voir vos clients et valider avec eux ce qui compte le plus pour eux et ce qu'ils attendent de vous et de vos collaborateurs. Certains diront qu'ils ne veulent pas attendre au téléphone, d'autres qu'ils veulent pouvoir s'asseoir quelque part en attendant qu'on s'occupe d'eux, etc..

Une fois que vous aurez identifié tous ces services attendus, il va falloir faire en sorte d'être à la hauteur des attentes de vos clients. Prenons l'exemple des devis. C'est un sujet sensible car c'est ce qui va permettre au client de savoir combien il va devoir débourser pour avoir ce qu'il attend. Aujourd'hui personne ne songerait sérieusement à facturer le fait de faire un devis …

Mais il n'y a pas que cela : les gens veulent pouvoir avoir un devis depuis leur tablette ou leur PC le samedi soir à 2h du matin … Vous comprenez alors que si vous avez automatisé cette tâche et qu'un algorithme est en mesure de fournir un devis en ligne, vous avez un avantage concurrentiel fort par rapport à vos confrères qui n'ouvrent que le lundi à 9h du matin …

Offrir des services de qualité à vos clients ne se limite pas à ce type d'astuce. C'est un travail de tous les jours : vous devez être à l'écoute de vos clients. Pas pour en faire des rois, mais pour savoir quelles sont leurs attentes car si vous réussissez à y répondre, vous avez de bonnes chances de développer votre activité.

Et à celles et ceux qui pensent que réaliser tout cela prend du temps, il faut effectivement intégrer cette donnée dans votre démarche mais la considérer comme un investissement !

Alors, comment bien gérer le service ?

Pour bien gérer le service en entreprise, il faut commencer par l'identifier ! Cette démarche se fait en décomposant votre activité en autant de sous-ensembles.

Ensuite, vous devez vraiment avoir une approche client : n'oubliez jamais que la raison d'être d'une entreprise est la fourniture de solutions à des problèmes et qu'à ce titre, le service que vous proposez en complément de vos produits a autant sinon plus de valeur à terme que ces derniers.

Enfin, les besoins évoluent avec le temps et le service que vous proposez aussi. Vous devez donc inscrire cette démarche dans le temps et être en permanence à l'écoute de vos clients : ils ont beaucoup à vous apprendre et en les écoutant vous disposerez d'une mine d'informations !

S comme … Site Web

✳✳✳

Avoir un site web pour une entreprise est devenu un prérequis. Cette « obligation » est liée au fait que les modes de communication ont très fortement évolué ces dernières années et que le site web d'aujourd'hui est la plaquette institutionnelle d'il y a 20 ans, avec toutefois quelques différences majeures.

Un des éléments à toujours garder en tête est que le site web est à l'image de l'entreprise. En tout cas, c'est la première image de l'entreprise que les visiteurs en auront. Cela oblige donc l'entreprise à soigner son site et à ne pas le bâcler en se disant que c'est un mal nécessaire …

un Site Web pour l'entreprise qu'est ce que c'est ?

Comme il vient d'être dit, un site web est souvent le premier contact que le visiteur aura avec l'entreprise. Mieux que cela, c'est en principe un contact interactif ! Cela signifie que contrairement aux plaquettes d'antan, le visiteur va pouvoir communiquer directement avec l'entreprise et donner son avis.

Ce qu'il faut bien comprendre c'est que le visiteur est très exigeant : s'il pose une question il attend une réponse et s'il fait une remarque il attend un retour de la part de l'entreprise !

Le site web d'une entreprise est donc beaucoup plus qu'une plaquette mise en ligne, c'est une part importante de son image.

Cas pratique

En ayant en tête ce qui vient d'être dit, pour avoir un site qui relaie une image positive et constructive de l'entreprise, il va falloir qu'il réponde à quelques critères.

Premièrement, il doit permettre au visiteur d'entrer en contact avec l'entreprise. Que cela soit par le biais d'un formulaire de contact ou par un blog qui autorise les commentaires, le visiteur doit pouvoir poser des questions ou faire des remarques directement à l'entreprise. Cela suppose donc deux choses : tout d'abord que l'entreprise va répondre et ensuite que l'entreprise va accepter de recevoir des remarques négatives.

Deuxièmement, un site doit être vivant. Il n'y a rien en pire en effet que de voir un site dont la dernière mise à jour date d'il y a 3 ans … Si vous pensez que vous ne serez pas capable de faire vivre votre site, mieux vaut éviter les rubriques du type « actualités » …

Troisièmement, un site doit refléter l'image de l'entreprise. En tout cas il doit donner une image qui soit la plus positive possible et l'entreprise devra en tenir compte pour la suite : rien ne sert en effet de vanter par exemple la qualité de l'écoute client sur son site et d'avoir un accueil téléphonique calamiteux. Ainsi, le site doit permettre à l'entreprise de s'améliorer et de devenir la plus performante possible.

Quatrièmement, un site doit permettre de développer la notoriété de l'entreprise. Il doit donc s'accompagner d'une communication plus globale intégrant des outils comme les blogs, la présence sur les réseaux sociaux, etc.. Ces éléments pourront ensuite faire converger la « communauté » vers le site web qui sera en quelque sorte le vaisseau amiral de l'entreprise.

Cinquièmemement, un site web doit d'abord présenter les besoins du client visé plutôt que d'être un catalogue des offres possibles. Cela signifie qu'avant de se lancer dans la création de son site, l'entreprise devra au préalable savoir à qui elle souhaite s'adresser et bien comprendre quelles sont les attentes de sa cible.

Alors, comment bien gérer son site web ?

Bien gérer un site suppose d'abord que l'entreprise est convaincue de la nécessité de sa mise en place. Si vous considérez qu'il s'agit d'un mal nécessaire ou qu'il faut le faire parce que c'est la mode, vous n'êtes pas prêt …

Ensuite, vous devez comprendre que si le site est une vitrine sur le web, il s'agit d'une vitrine avec une porte où tout le monde peut entrer et poser des questions … Soyez donc prêt à gérer ces interactions.

Enfin, si vous êtes convaincu que personne ne serait attiré par une vieille vitrine sale et peu engageante, dites-vous qu'un site doit être mis à jour régulièrement pour donner envie et surtout montrer aux visiteurs qu'il est vivant, ce qui signifie que votre entreprise est dynamique !

S comme ... Startup

***

Dans le langage courant, une startup est une entreprise fondée il y a peu par de jeunes personnes qui évoluent dans un milieu principalement technologique. Une startup est ainsi une entreprise qui propose des services basés sur le web.

En réalité, si le mot « startup » renvoie bien à une notion de démarrage, de lancement, il s'agit bien plus qu'une entreprise. C'est en réalité un concept plus général qui englobe non seulement un projet, mais aussi un état d'esprit et une méthodologie.

Une startup qu'est ce que c'est ?

La meilleure définition d'une startup que j'aie trouvée jusqu'à présent est celle donnée par Steve Blank, chercheur Américain qui a travaillé sur ces sujets.

Tout d'abord, une startup n'est pas une entreprise en plus petit.

Ensuite, une startup est une structure qui est composée d'une équipe qui a un projet, une offre et qui cherche le meilleur Business Model permettant de monétiser cette offre.

Cas pratique

Ainsi, une startup n'est pas forcément technologique et n'utilise pas nécessairement le web, même si l'utilisation de ce réseau mondial, couplée avec la mise en place d'algorithmes performants permet de rendre le modèle économique scalable, c'est-à-dire que les coûts qu'il est nécessaire de mettre en œuvre pour augmenter les revenus n'augmentent pas de manière linéaire avec ces derniers.

La première chose à faire est donc de savoir ce qu'on veut résoudre comme problème et bâtir une équipe « projet » permettant d'élaborer des solutions.

Je passe ici sur toutes les phases itératives qui relèvent des méthodes de lean startup, car ce n'est pas le sujet.

Une fois que la solution imaginée est conçue, il faut se poser la question de sa monétisation. En effet, on peut partir du principe que si on apporte une solution à un problème, il est normal d'être rémunéré pour cela.

C'est ici que le concept de startup intervient : quel modèle économique mettre en place ? Un abonnement, une facturation directe, un modèle freemium ? La revente de données récoltées à des annonceurs ?

Il existe plusieurs modèles économiques possibles, pour autant tous ne sont pas applicables à votre projet. Vous devez donc chercher celui qui convient le mieux, en ce sens qu'il s'agit de trouver l'équilibre entre ce qui vous permet de générer suffisamment de revenus pour votre structure et ce que les clients sont prêts à payer pour utiliser votre produit ou votre service.

C'est généralement la phase la plus délicate de la vie d'une startup car pendant que vous cherchez ce modèle économique, vous continuez à dépenser de l'argent, en salaires, en matériel, etc.. Il est donc nécessaire d'aller suffisamment vite, ou de disposer de suffisamment de fonds pour vous permettre de tenir.

Trois cas se produisent ensuite.

Vous avez trouvé votre business model, vous pouvez alors l'exploiter et devenir une entreprise classique.

Vous n'avez pas trouvé votre business model et n'avez plus de ressources financières, donc vous disparaissez.

Vous n'avez pas trouvé votre business model et avez encore des ressources, vous pouvez donc pivoter et tout reprendre à zéro pour trouver une offre qui colle parfaitement à un besoin.

Alors, comment bien gérer sa startup ?

Bien gérer une startup c'est essentiellement savoir que le temps est compté et que vous ne disposez pas de ressources infinies pour trouver le modèle économique qui permettra à votre activité d'être rentable.

Votre seul objectif doit donc être de savoir comment votre entreprise peut gagner de l'argent !

S comme ... Stratégie

✳✳✳

Beaucoup d'entreprises parlent de leur stratégie de développement, de leur stratégie commerciale ou de stratégies à mettre en œuvre pour remotiver leur personnel.

Bref, le mot de stratégie est utilisé un peu à toutes les sauces alors qu'il a en principe un sens assez clair, qui est l'art de coordonner des actions pour atteindre un but.

C'est donc une définition assez claire mais qui cache en réalité deux points importants, trop souvent négligés : il faut au préalable avoir défini un but à atteindre et ensuite il faut établir un plan d'actions pour y parvenir.

La Stratégie pour l'entreprise qu'est ce que c'est ?

Concrètement, il faut commencer par se fixer un but, un objectif. Ce but doit être suffisamment explicite pour pouvoir être mesurable. En effet, rien ne sert de se fixer un objectif si on ne peut pas savoir où en est ou si on s'en rapproche.

Ensuite, il faut se fixer des étapes qui permettent de s'assurer qu'on s'approche du but. Ces bornes sont autant de passages obligés qui, eux aussi, doivent pouvoir être mesurés.

Enfin, il faut définir un plan d'actions qui permet de définir ce qui doit être fait, par qui, et à quelle échéance pour atteindre chaque borne.

Cette façon de procéder vaut pour toute stratégie, que cela concerne le développement commercial ou l'organisation de l'entreprise.

Cas pratique

Prenons le cas de la mise en place d'une stratégie commerciale visant à doubler le chiffre d'affaires de l'entreprise dans les 3 ans à venir.

L'objectif est clair et mesurable, maintenant il s'agit de définir quelles sont les actions à mettre en œuvre pour y parvenir et comment elles doivent être coordonnées entre elles.

On parle bien de coordination d'actions car le but qu'on s'est fixé peut potentiellement avoir un impact sur différentes activités de l'entreprise et concerner des personnes différentes dont certaines ne sont pas en lien direct avec le but à atteindre.

Ainsi, il va falloir commencer par décomposer le cycle de vente pour savoir quelles actions sont à mener pour atteindre l'objectif. On se rendra compte que non seulement les commerciaux, mais également les usines et les bureaux d'étude sont concernés. Si on va plus loin, on constate également que les personnels administratifs sont touchés par cette stratégie commerciale.

Il faut maintenant définir quelles sont les actions à mener pour que la stratégie soit mise en œuvre. Quels sont les produits qu'attendent les clients, quels sont les services que l'entreprise doit leur rendre ? Doit-on attaquer d'autres segments de clientèle ou doit-on se focaliser sur le ou les segments existants ? Doit-on développer de nouveaux produits ou seulement améliorer les produits existants ? Toutes ces questions sont importantes car on comprend bien les impacts qu'elles peuvent avoir sur le reste de l'organisation de l'entreprise.

Ce travail peut prendre du temps mais il est nécessaire et bénéfique. Nécessaire car il permet de bien définir ce qu'il y a à faire dans l'entreprise pour atteindre l'objectif et bénéfique car il peut impliquer un grand nombre de salariés ce qui permet d'obtenir d'eux un meilleur engagement.

Alors, comment bien définir une stratégie ?

Définir une ou des stratégies visant à faire évoluer son entreprise est un exercice important car il l'engage dans une voie qui peut durer plusieurs années.

C'est la raison pour laquelle il faut bien réfléchir au but qu'on veut atteindre et à bien réfléchir aux moyens d'y parvenir. Si on reprend l'exemple cité plus haut, développer de nouveaux produits ou apporter des améliorations aux produits existants a un impact majeur sur l'organisation de l'entreprise.

Bien définir une stratégie va donc de paire avec bien définir les différentes étapes qui permettent de s'assurer que l'entreprise est sur la bonne voie. Il sera toujours temps de changer de route ou de redéfinir une nouvelle stratégie si celle qui a été pensée initialement s'avère inopérante du fait d'événements extérieurs imprévus.

T comme … Tableau de Bord

***

Comme son nom l'indique un tableau de bord est un indicateur qui permet de visualiser en une fois toute une série de valeurs qui sont censées caractériser l'activité de l'entreprise.

Ce qui est important c'est le caractère synthétique de ces informations et la simplicité de leur saisie. En effet, si le document est complexe à saisir, il finira par être abandonné et s'il n'est pas synthétique, il ne sera jamais regardé car trop illisible.

Le Tableau de Bord pour l'entreprise qu'est ce que c'est ?

Ainsi, pour l'entreprise, le tableau de bord est comme dans une voiture : il permet de savoir si on roule suffisamment vite, si la température n'est pas trop élevée ou encore si on assez d'essence pour aller jusqu'à son lieu de destination.

Par ailleurs, même s'il existe des fondamentaux (niveau d'activité, prévision sur les ventes, etc), un tableau de bord doit être adapté au fonctionnement de l'entreprise. C'est d'ailleurs une des clefs de la pertinence d'un tel document.

Enfin, un tableau de bord est un outil vivant. Il doit donc être renseigné et mis à jour régulièrement et fréquemment pour que les informations qui en ressortent puissent être interprétées.

Cas pratique

On l'a compris, pour être efficace, un tableau de bord doit être simple. Pour autant simplicité ne signifie pas légèreté. Un tableau de bord peut contenir plus d'un indicateur ... Cependant, il faut faire en sorte qu'il ne dépasse pas une demi-douzaine d'éléments faute de quoi il risque d'être trop complexe à interpréter.

La première chose à faire est donc de définir ce qui caractérise votre entreprise. Pour certains ce sera le chiffre d'affaires, le carnet de commande, etc., tandis que pour d'autres ce sera le nombre d'appels entrants, le nombre de prospects visités, etc..

Il n'y a pas de règle en la matière si ce n'est qu'un tableau de bord ayant pour vocation à mesurer l'activité (et indirectement la rentabilité) de l'entreprise, il doit contenir une partie dédiée aux revenus et une partie dédiée aux dépenses.

Ensuite, une fois que ces critères ont été identifiés, il faut déterminer la façon dont vous pourrez récupérer les informations les concernant. Si par exemple vous voulez mettre un indicateur qui donne le nombre d'appels entrants, vous devrez mettre en place le moyen de collecter cette information. Cela signifie donc prévoir les fiches de suivi qui correspondent et la formation des personnes censées les remplir.

Après cela, il faut garder à l'esprit qu'un tableau de bord d'entreprise, contrairement à celui d'une voiture, doit disposer d'une partie prévisionnelle. En effet, s'il est important de savoir en un coup d'œil où on en est, il est encore plus important de savoir où on va.

Concrètement, cela signifie que pour chaque période de temps considérée, il faudra non seulement mettre une colonne figurant les objectifs mais aussi une colonne figurant ce qui est réalisé. Ainsi, la comparaison immédiate entre les deux informations permettra de savoir à l'avance si on va dans le bon sens ou non.

Enfin, un tableau de bord doit permettre d'anticiper certaines actions. Cela signifie que s'il montre qu'une baisse de rentabilité se profile, il faut agir. L'intérêt des indicateurs présentés sur le tableau de bord étant de mesurer le niveau d'efficacité des actions correctives mises en place.

Alors, comment bien gérer son tableau de bord ?

Bien gérer son tableau de bord signifie commencer par le gérer tout court !

En effet, pour être utile et efficace, un tableau de bord doit être utilisé. Pour cela il doit être simple à remplir et à interpréter et surtout rempli sérieusement.

Les différentes sources d'information doivent donc être fiables ce qui signifie que les collaborateurs d'où proviennent les informations doivent être formés et sensibilisés à l'importance du travail de collecte qu'ils effectuent.

Enfin, un tableau de bord peut évoluer dans le temps en fonction de la vie de l'entreprise, certains critères étant significatifs une année et devenant sans intérêt une autre ...

T comme ... Temps

***

Le temps est sans aucun doute une des choses les plus précieuses pour un chef d'entreprise.

En effet, il est en permanence sollicité sur des sujets aussi divers que la gestion de sa production, la motivation de ses équipes, le suivi financier de son entreprise ou encore le développement commercial.

Le problème est que tout ceci doit être fait dans un temps limité faute de quoi cela pourra avoir de graves répercussions sur le fonctionnement de l'entreprise.

La gestion du Temps pour l'entreprise qu'est ce que c'est ?

Alors pour l'entreprise et son dirigeant, la gestion de ce temps si précieux est un véritable enjeu. C'est une nécessité presque vitale.

Mais la gestion du temps c'est aussi la capacité à s'organiser et à organiser les choses à faire pour que tout soit traité dans le temps limité d'une journée ou d'une semaine. En effet, les besoins s'accumulent et si vous ne traitez pas les choses comme il le faut, vous risquez de vous faire déborder.

Alors savoir gérer son temps est fondamental.

Cas pratique

Pour gérer son temps correctement, il est nécessaire de commencer par poser à plat l'ensemble des choses à faire, par exemple dans la journée.

Il ne s'agit pas pour le moment de définir des priorités mais bien de savoir tout ce qu'il y a à faire.

Une fois cette étape réalisée, il faut faire appel au bon sens militaire du Général Eisenhower qui avait mis au point une méthode imparable pour gérer tout ce qu'il devait traiter dans un temps limité.

Cette méthode consiste à trier toutes les choses qui sont à faire en 4 catégories :

- les choses urgentes et importantes
- les choses urgentes mais non importantes
- les choses non urgentes mais importantes
- les choses ni urgentes ni importantes

Les choses ni urgentes ni importantes ne sont évidemment pas à traiter en priorité et pourront l'être plus tard, lorsqu'elles commenceront à devenir urgentes.

Les choses non urgentes mais importantes sont à surveiller de près et devront être gérer lorsqu'elles deviendront urgentes.

Les choses urgentes mais non importantes doivent être traitées en priorité mais par délégation, c'est-à-dire que quelqu'un d'autre que vous peut s'en occuper.

Les choses urgentes et importantes sont à traitée maintenant et par vous, mais vous voyez bien que de ce fait, le nombre de choses à faire dans l'urgence est relativement faible et est donc parfaitement gérable.

Ensuite il existe d'autres méthodes pour gérer son temps de manière efficace, une d'entre elles consistant à travailler par unités de temps. Autrement dit, découpez une heure en 6 parties de 10 minutes par exemple, puis :

- pendant 40 minutes, vous traitez à fond le sujet concerné, sans faire autre chose, sans répondre au téléphone, etc.
- pendant les 10 minutes qui suivent, vous vous détendez, répondez au téléphone, etc.
- pendant les 10 minutes qui finissent l'heure, vous préparez ce qui doit être traité dans les 40 minutes qui suivent, en mettant à jour votre matrice d'Eisenhower par exemple …

Alors, comment bien gérer son temps ?

Bien savoir gérer son temps n'est pas une chose compliquée. Elle réclame seulement une chose : de la rigueur. De là va découler une certaine organisation prise dans les deux sens du terme, votre organisation personnelle de travail et l'organisation de votre entreprise avec la mise en place des délégations qui sont nécessaires à la bonne gestion de votre temps !

T comme … Traction

***

La traction est un terme surtout utilisé dans le monde des startups mais qui, comme souvent, recouvre une notion qui est universelle. En effet, la traction peut s'entendre comme la capacité qu'une entreprise a d'attirer vers elle des clients en grand nombre par le projet ou l'offre qu'elle porte.

Autrement dit, on dit qu'un projet génère une forte traction lorsque le nombre de personnes qui souhaitent l'utiliser augmente rapidement et atteint un volume important.

La Traction pour l'entreprise qu'est ce que c'est ?

Pour l'entreprise la traction est donc un paramètre très important à mesurer lorsqu'elle lance un nouveau produit ou un nouveau service. C'est en pratique un des critères qui font que les investisseurs viendront facilement ou pas.

La traction se mesure indirectement par exemple par le nombre de personnes qui s'inscrivent sur le site dédié au service ou par le nombre de personnes qui commandent le produit avant même que celui-ci ne soit commercialisé.

Tout le monde connaît le phénomène des iPhones qui, à chaque fois qu'un nouveau modèle sort, génère un nombre incroyable de pré-commandes, permettant à Apple de savoir, avant même de commencer la production de série, que des millions d'exemplaires vont être achetés …

Cas pratique

La première chose à faire pour savoir si le nouveau produit ou le nouveau service qui va être lancé va générer de la traction, est de caractériser celle-ci.

En effet, la traction n'est qu'un terme qui permet de définir si le produit attire les foules. Reste donc à définir ce qui permet de mesurer cet engouement. Il peut s'agir d'un nombre d'inscrits sur une plate-forme, un nombre de précommandes, un nombre d'appels sur un numéro particulier, etc..

Il faut donc définir au préalable le ou les paramètres qui vont permettre de mesurer le succès (ou non) du nouveau produit ou service, de manière pertinente.

Une fois que ces paramètres ont été définis, il va falloir mettre en place les outils permettant de les mesurer. Ce peut être des fiches de relevés, des stockages d'adresses dans une base de données, etc.

Ensuite il va falloir ajouter le paramètre temps. En d'autres termes, la traction ne se mesure qu'avec le temps car ce qui compte vraiment c'est que plus le temps passe, plus la traction est importante. Ce qui est le signe que la mayonnaise prend !

Enfin, s'il s'avère qu'il n'y a pas de traction ou pas assez, il faut tâcher de trouver l'origine du problème et tenter d'y remédier ; la mise en place de remèdes devant être suivie de la mesure de la traction pour déterminer l'efficacité des actions qui ont été prises.

Ce dernier point est fondamental car le cas où le lancement d'une nouvelle offre n'est pas un grand succès est beaucoup plus fréquent que celui où le lancement est une réussite dépassant toutes les espérances …

Alors, comment bien gérer sa traction ?

La chose principale à bien comprendre est que la traction n'est qu'une mesure d'un succès, elle n'est pas la solution. Il est donc très important de la suivre avec attention et d'apporter les actions correctives dès qu'on sent que les ventes, les commandes ou les inscriptions ne démarrent pas aussi vite que prévu.

Le plus délicat étant ensuite de déterminer ce qui fait le succès (ou non) d'un produit. Car c'est ce qui va permettre à terme de gagner de plus en plus de nouveaux marchés.

Enfin, il ne faut pas se tromper de paramètres car on peut par exemple avoir un fort taux d'acquisition mais un taux de transformation faible. Ainsi, si on mesure la traction à partir du taux d'acquisition, on risque d'être déçu car les résultats ne seront pas au rendez-vous. C'est tout ce qui fait la différence entre un produit qui est « nice to have » et un produit qui est un « must have » … Dans ce cas, le niveau de traction doit être lié à la conversion et pas à la seule acquisition …

T comme ... Trésorerie

****

Techniquement la trésorerie est la différence entre le fonds de roulement (FDR) et le besoin en fonds de roulement (BFR) d'une entreprise. De manière pratique c'est donc le poste qui sert de tampon entre les besoins en argent au jour le jour d'une entreprise et ce dont elle dispose à un instant donné.

Ainsi, si la trésorerie est excédentaire, cela signifie que l'entreprise dispose de plus de fonds que ce dont elle a besoin pour vivre. A l'inverse, et c'est le cas de beaucoup d'entreprise, si le BFR est supérieur au FDR, alors il est nécessaire de disposer de trésorerie pour combler l'écart.

Si la trésorerie est insuffisante pour cela, alors l'entreprise entre dans l'état peu enviable de la cessation des paiements ...

La Trésorerie pour l'entreprise qu'est ce que c'est ?

La trésorerie pour l'entreprise est donc comme le carburant pour une voiture. On a beau avoir le plus beau moteur possible, si on n'a pas d'essence à mettre dedans, la voiture ne roule pas longtemps.

Il est donc nécessaire de surveiller chaque jour le niveau de sa trésorerie et surtout d'en mesurer les variations pour savoir si la situation s'améliore, est stable ou si elle se dégrade.

Il n'est dans ce cas jamais trop tard pour agir, mais pour cela il faut être en mesure d'anticiper, faute de quoi, l'entreprise va se retrouver en panne sèche au milieu du désert et même s'il y a des pompes à essence plus loin, on ne pourra jamais les atteindre et ce sera la fin !

Cas pratique

Le cas pratique qui nécessite beaucoup d'ingéniosité est le cas où l'entreprise à un BFR supérieur à son FDR.

Cela signifie donc qu'on doit utiliser sa trésorerie pour combler la différence et continuer à travailler normalement. Si cette situation est passagère et que l'entreprise est rentable, ce n'est pas un problème car la trésorerie va se reconstituer. En revanche si la situation dure et qu'on ne fait rien, le niveau de trésorerie va baisser au point qu'il n'y en aura plus assez pour financer le BFR.

Si vous voyez que cette situation va se produire, il faut commencer par regonfler artificiellement votre trésorerie en escomptant vos factures, ce qui signifie en faisant payer par un tiers vos factures par avance. Cela coûte un peu d'argent et peut être assez contraignant, mais c'est parfois la seule solution.

Vous pouvez aussi vous demander si ces problèmes ne proviennent pas d'une structure trop lourde pour l'activité de l'entreprise. Si c'est le cas, il va falloir soit augmenter l'activité de l'entreprise soit songer à alléger la structure …

Une autre méthode consiste à impliquer vos clients directement en leur faisant acheter directement la matière première dont vous avez besoin pour travailler. Certes, vous encaisserez alors moins d'argent au moment de la facturation, mais vous aurez pu éviter de vider votre trésorerie pour acheter ce dont vous aviez besoin.

Enfin, vous pouvez utiliser des outils comme les billets de trésorerie qui sont en quelque sorte un prêt octroyé par la banque à très court terme (en général quelques mois), ce qui vous permet de ne pas toucher à votre trésorerie tout en gardant la capacité à acheter vos matières premières.

Alors, comment bien gérer sa trésorerie ?

Les deux choses à retenir qui sont fondamentales sont :

- Il faut suivre très régulièrement son niveau de trésorerie afin de détecter sa variation et donc anticiper tout mouvement risquant de vous conduire vers la panne sèche
- Il faut utiliser les outils les plus adaptés à votre cas en connaissant leur domaine d'application

Ainsi, il sera par exemple parfaitement inutile de contracter un prêt bancaire ou demander une subvention pour combler un défaut de trésorerie si en fait l'origine de votre problème tient à la structure de votre entreprise qui est trop lourde car cela ne fera que retarder la panne sèche …

U comme … Ubiquité

∗∗∗

L'ubiquité est la capacité d'être présent en tous lieux ou en plusieurs lieux simultanément. Par extension c'est la capacité de s'occuper de tout en permanence et d'être sur des chantiers tout en s'occupant de la gestion de son entreprise et en suivant les achats …

En clair, c'est une capacité que beaucoup de chefs d'entreprise ont mais pas complètement. En effet, si la plupart des patrons de PME sont effectivement partout en même temps (physiquement et intellectuellement), cela peut avoir des conséquences fâcheuses, la plus grave d'entre elles étant qu'à vouloir être partout, on fini par être nulle part …

Alors, avoir la capacité d'être partout pourquoi pas, mais certainement pas simultanément …

L'Ubiquité pour l'entreprise qu'est ce que c'est ?

Comme cela a été dit plus haut, l'ubiquité est cette capacité que le chef d'entreprise doit avoir pour pouvoir gérer au mieux sa société. Cela est surtout vrai pour les petites structures qui ne sont pas assez importantes pour disposer de l'encadrement intermédiaire nécessaire.

Le vrai problème repose sur le fait que le chef d'entreprise doit avoir le don d'ubiquité mais n'en a pas forcément les capacités. Ce n'est évidemment pas un jugement de valeur, mais tout le monde sait qu'on ne peut pas être efficace partout et simultanément : quand on a un problème de trésorerie en tête, il est difficile d'être efficace chez un client …

L'ubiquité c'est donc cette capacité à pouvoir avoir en tête des problèmes de natures différentes (social, fiscal, commercial, etc.), tout en étant physiquement à un endroit différent de celui requis pour traiter un de ces problèmes.

Cas pratique

Il faut considérer deux cas.

Le premier est celui qui concerne les entreprises qui vont bien et qui ne causent à leur dirigeant que des problèmes plutôt positifs : comment développer la clientèle, comment gérer les excédents de trésorerie, etc..

Ce cas est assez rare dans les petites entreprises mais il peut exister. Le seul problème est que cela ne dure jamais très longtemps car les choses peuvent se dégrader rapidement si on n'y prête attention. En effet, négliger ses clients car on ne pense qu'à l'optimisation de ses excédents de trésorerie est très dangereux.

Le second cas est celui qui concerne beaucoup d'entreprises : la gestion des problèmes qui s'accumulent. Il faudra donc être partout à la fois pour éteindre les incendies qui se déclarent et continuer à penser au reste, c'est-à-dire ces choses pas forcément urgentes mais qui restent suffisamment importantes pour devenir urgentes un jour si on ne fait rien.

Par exemple, c'est s'assurer que les achats sont suffisamment bien faits pour maintenir le niveau de marge. Mais gérer ce point signifie également qu'on s'assure que les prix de vente ne baissent pas trop et que les heures passées en production ne dépassent pas celles qui ont été vendues.

Tout cela en étant présent auprès des clients pour maintenir un bon niveau de relation et continuer à communiquer auprès de ses banquiers qui risquent de croire que vous avez quelque chose à leur cacher si vous ne leur parlez plus …

Alors, comment bien gérer l'ubiquité ?

La clef de tout cela s'appelle l'organisation personnelle. Il existe plusieurs méthodes qui permettent à chacun de gérer son temps au mieux tout en restant concentré sur la tâche du moment en y affectant le temps nécessaire à sa bonne réalisation.

Une des étapes importantes de cette démarche consiste à prendre conscience que personne sur cette terre n'a le don d'ubiquité : en d'autres termes, il faut savoir déléguer à ses collaborateurs un maximum de tâches pour démultiplier son action et se concentrer sur quelques axes comme la vision stratégique.

Le fait de s'organiser de manière rigoureuse et de déléguer les tâches qui sont urgentes, mais pas nécessairement très importantes est en fait une façon de construire cette capacité d'ubiquité car le fait de paralléliser ces actions revient à les traiter de manière simultanée.

Cette nouvelle organisation pourra peut-être nécessiter l'embauche d'un ou de plusieurs collaborateurs supplémentaires. Il faudra donc au préalable mesurer le gain que vous pourrez en tirer à titre personnel et pour l'entreprise. Si ce gain existe, il ne faut pas hésiter.

V comme ... Vacances

∗∗∗

Tout le monde aime prendre des vacances, qu'on soit salarié ou employeur. C'est un moment de détente et de repos qui permet de mettre de côté pendant quelques jours les problèmes quotidiens de la vie d'entreprise.

Pourtant, certains chefs d'entreprises n'aiment pas les vacances car cela signifie pour eux qu'ils vont devoir soit faire une pause dans ce qui constitue leur raison d'être, soit confier à d'autres la gestion de leur entreprise …

Les Vacances dans l'entreprise qu'est ce que cela signifie ?

Si on prend le point de vue du chef d'entreprise, les vacances signifient un moment dans l'année où on quitte les commandes de l'entreprise.

Soit elle ferme pendant ce moment-là et tout est mis en veilleuse, soit elle reste ouverte et il est donc nécessaire de déléguer à une ou plusieurs personnes la conduite de l'entreprise. Et c'est généralement dans ce second cas que les choses se compliquent pour le chef d'entreprise …

Cas pratique

En fait, la période des vacances peut se décomposer en trois temps :

- avant les vacances, la préparation

- pendant les vacances, le suivi

- après les vacances, les retrouvailles

Il est très important de préparer ses vacances. D'ailleurs, c'est tellement important que de cette période de préparation dépendra la qualité des vacances.

Tout doit être mis en ordre, les personnes suivant les différentes activités doivent être prévenues et leurs missions clairement identifiées. De même les choses qui ne peuvent être déléguées doivent être anticipées autant que possible.

L'objectif de tout cela est que le chef d'entreprise puisse partir tranquillement en vacances et ne soit pas obligé de répondre au téléphone tous les jours. De même, si la délégation qui est mise en place fonctionne bien et que le chef d'entreprise est en confiance, il ne sera pas tenté d'appeler chaque jour pour savoir comment les choses se passent.

Rien n'empêche en revanche de faire un point téléphonique hebdomadaire pour savoir comment les choses se passent, mais ce point doit être prévu à l'avance et les personnes qui seront contactées devront savoir au préalable qu'elles le seront faute de quoi elles risquent de considérer ces appels comme un manque de confiance du dirigeant à leur égard.

Enfin, au retour des vacances, vient le temps des debriefings !

Tout s'est-il passé comme attendu ? Quelles sont les difficultés auxquelles les personnes en charge du suivi de l'entreprise ont été confrontées ? Quelles solutions ont été apportées ?

Toutes ces questions doivent être posées et des réponses doivent y être apportées. Le but étant de se mettre dans une démarche de progrès de sorte que, s'il y a eu des ratés, qu'ils soient traités et qu'ils ne se reproduisent plus à l'avenir.

Alors, comment bien gérer les vacances ?

Pour bien gérer ses vacances, il faut avant tout accepter de déléguer une partie de ses pouvoirs à certains salariés et de traiter par avance (ou de repousser au retour) les points qui ne peuvent pas faire l'objet d'une délégation.

Après tout, non seulement tout le monde a le droit de prendre des vacances, mais je dirais que tout le monde a le devoir d'en prendre. Ces périodes sont idéales pour réfléchir au calme aux enjeux de demain.

Accessoirement, cela permet aussi de « tester » la capacité de gestion de certains salariés et, à terme, de savoir sur qui se reposer en cas d'évolution de son organisation interne !

V comme ... Valorisation

***

La valorisation d'une entreprise est une action qui consiste à en estimer la valeur. Autrement dit, si cette entreprise était à vendre, quelle serait la somme à débourser pour l'acquérir.

Il s'agit donc d'une chose importante surtout si des investisseurs veulent mettre de l'argent dans l'entreprise car de sa valorisation va dépendre le nombre de parts qu'ils vont obtenir en échange et la plus-value qu'ils pourront en retirer le jour où ils revendront leurs parts.

La Valorisation de l'entreprise qu'est ce que cela signifie ?

Concrètement, pour réaliser la valorisation de son entreprise il y a trois méthodes principales :

- la méthode des multiples, qui consiste à prendre un multiple de l'EBE ou du CA, équivalent à celui observé lors de transactions récentes intervenues dans le même secteur d'activité
- la méthode des comparables boursiers, qui s'appuie sur une comparaison avec une transaction récemment observée sur les marchés boursiers d'une société oeuvrant dans le même secteur d'activité
- la méthode des flux de trésorerie actualisés (DCF en anglais) qui consiste à déterminer la valeur actuelle des flux de trésorerie nets futurs de l'entreprise en utilisant un taux d'actualisation qui reflète les risques inhérents à ces flux

Cas pratique

En pratique, si votre entreprise évolue dans un secteur classique (entreprise du bâtiment, commerce, etc.), il est assez aisé d'utiliser la première méthode car il existe un grand nombre d'entreprises dans ce secteur.

Si vous avez une entreprise assez importante, même non côtée, vous pouvez toujours utiliser la seconde méthode car elle évolue dans un secteur où des entreprises côtées peuvent exister.

En revanche, si vous avez une entreprise évoluant dans un secteur récent ou que vous proposez un modèle économique complètement disruptif, les deux premières méthodes ne sont pas utilisables et seule la troisième méthode convient.

C'est d'ailleurs là toute la difficulté de l'exercice car l'évaluation d'une entreprise de ce type est essentiellement basée sur un prévisionnel tandis que les deux autres utilisent largement son historique.

L'autre point est lié à la nature même de l'entreprise évaluée. En effet, si elle se trouve dans un secteur complètement innovant, la construction d'un prévisionnel est assez complexe et soumis à de forts aléas.

Enfin, il ne faut pas oublier une chose fondamentale. Si vous faites évaluer votre entreprise, c'est en général pour pouvoir déterminer le nombre de parts que des investisseurs obtiendront en investissant dans celle-ci.

Or, leur objectif est généralement de réaliser une plus-value la plus forte possible de leur investissement en revendant leurs parts quelques années plus tard. Ainsi, si vous valorisez votre entreprise à un niveau trop bas, ils auront plus de chances de faire une plus-value élevée, mais pour une somme donnée investie ils auront plus de parts, donc vous en aurez moins.

En revanche, si vous valorisez votre entreprise à un niveau trop élevé, vous devrez la faire croître très rapidement et fortement pour qu'elle soit valorisée fortement au moment de la sortie de ces investisseurs, tout cela pour qu'ils puissent obtenir une plus-value importante. Ce n'est pas un problème en soi, mais cela montre les limites du système car votre croissance étant par nature totalement théorique puisque vous êtes sur un secteur innovant, vous risquez de ne pas atteindre les objectifs indiqués dans le prévisionnel …

Alors, comment bien réaliser une valorisation ?

La meilleure solution reste de faire faire la valorisation de votre entreprise par un tiers indépendant et surtout pas par votre futur investisseur qui va avoir tendance à la minorer pour pouvoir potentiellement réaliser une plus-value forte !

V comme ... Vision

***

La vision est la représentation qu'un dirigeant a de son entreprise dans un futur plus ou moins lointain. Pour être plus complet c'est la représentation de son entreprise et de l'environnement dans lequel elle évoluera.

Cela suppose donc que le dirigeant est capable de se projeter et d'imaginer à quoi ressemblera le monde dans plusieurs années et comment il se positionnera.

La vraie difficulté est que la vision est basée sur une idée de ce qu'on veut être sachant qu'on ne sait pas a priori comment sera l'environnement de l'entreprise et quels seront les besoins des clients d'alors.

C'est la raison pour laquelle, une vision doit rester très générale.

La Vision pour l'entreprise qu'est ce que c'est ?

Il ne faut pas confondre la vision avec la mission de l'entreprise.

La vision est généralement « secrète » au sens où elle n'est connue que des personnes de l'entreprise. Elle se traduit alors concrètement par les missions de l'entreprise qui ne sont finalement que la façon dont l'entreprise compte réaliser sa vision.

En pratique, cela signifie que la vision consiste à fixer le but et les missions le chemin pour y parvenir.

Cas pratique

Imaginons par exemple une entreprise qui conseille les entreprises en difficulté … La vision du dirigeant de cette entreprise peut être que dans 20 ans il aura résolu le problème principal des entreprises qui est de disposer de suffisamment de trésorerie pour ne jamais connaître de difficulté.

Cette vision est l'objectif ultime que l'entreprise souhaite atteindre. Pour cela elle va définir un plan d'actions sur la durée qui va permettre de réaliser cette vision. Ce plan d'actions va contenir plusieurs actions comme par exemple, mettre en place un système de financement efficace, un système de prévention permettant de détecter les premiers signes de manque de trésorerie, peut-être également mener des actions de lobyying visant à modifier le cadre législatif, etc..

Toutes ces actions sont en fait des missions que l'entreprise entreprend pour atteindre son but qui est de réaliser sa vision.

La force d'une vision est qu'une fois réalisée, elle peut laisser la place à une autre vision encore plus lointaine ou puissante. Si on part de l'exemple donné plus haut, ce peut être par exemple que dans 50 ans, son entreprise permettra de résoudre le problème auquel beaucoup d'entreprises font face, celui de la volatilité de leur marché.

Bien entendu, ce n'est pas le dirigeant d'aujourd'hui qui portera cette vision dans le futur, mais son ou ses successeurs. C'est la raison pour laquelle une vision doit être partagée par les collaborateurs de l'entreprise, qui doivent en être suffisamment convaincus et imprégnés pour pouvoir à leur tour s'en faire les porte-parole auprès de leurs subordonnés.

Pour un grand nombre d'entreprises toutefois, la vision peut être beaucoup plus « simple », comme par exemple, celle qui consiste à devenir le numéro un dans son secteur, ou celle qui propose de devenir la référence absolue dans son domaine. Ce qui ne change pas en revanche c'est le fait qu'elle doit être partagée par tous les employés de l'entreprise.

Alors, comment bien gérer sa vision ?

Pour bien gérer sa vision, le chef d'entreprise doit commencer par l'établir … En d'autres termes, il doit commencer par penser à sa vision et la formaliser.

Une fois ceci fait, il devra la partager avec ses collaborateurs pour que ceux-ci en soient convaincus et aillent dans le même sens.

Pour atteindre le but défini par la vision, il faut définir un plan d'actions qui vont constituer autant de missions. Ces missions sont la partie visible de la vision, un peu comme la tactique est la partie visible de la stratégie.

Les résultats devront être ensuite régulièrement mesurés pour s'assurer que l'objectif est toujours en ligne de mire …

W comme … Web

✳✳✳

Le web est un réseau mondial qui permet de mettre en relation tous ceux qui le désirent avec non seulement les autres personnes présentes mais aussi avec de plus en plus d'objets dits « connectés ».

Il s'agit donc d'une opportunité extraordinaire pour une entreprise de montrer qu'elle existe et d'exposer ses savoir-faire.

Mais la concurrence étant très forte puisque par nature tout le monde peut être connecté, il faut être en mesure de se rendre visible.

C'est donc la raison pour laquelle toute entreprise qui souhaite être présente sur le web ne doit pas le faire au hasard et intégrer cette démarche dans sa stratégie.

Le Web pour l'entreprise qu'est ce que c'est ?

Concrètement, pour une entreprise le web est à la fois un moyen de se montrer, un moyen de communiquer avec ses clients ou ses prospects, un moyen de voir ce que fait la concurrence, mais également un moyen de rester en relation avec ses salariés quelque soit l'endroit où il se trouvent, et un moyen de faire participer ses clients au développement de ses produits.

Le web permet donc un nombre de choses presque sans limite. Mais il est clair qu'une PME ne peut pas tout faire et doit donc choisir un ou deux axes principaux de développement.

Cas pratique

Le cas le plus fréquent est de montrer au monde, et donc à ses clients potentiels, qu'on existe. Pour cela, le plus simple consiste à disposer d'une page d'accueil sur le web qui présente son activité et qui permette une interaction de base avec ses lecteurs en y ajoutant une page permettant à ceux-ci de contacter l'entreprise.

Le plus important est alors d'utiliser la technologie la plus universelle pour être certain que la page sera vue par la majorité des personnes visées et d'offrir un contenu fréquemment renouvelé pour que les visiteurs aient envie de revenir fréquemment.

Le dernier point important est de créer un lien fort avec ses clients. Par exemple, lorsqu'une demande vous arrive via votre formulaire de contact, il faut répondre quasiment instantanément et de manière pertinente.

L'autre façon de procéder, et qui peut venir en complément de la première, est de développer sa présence sur le web via les réseaux sociaux ou les blogs et articles. Le but en procédant ainsi est, à terme, d'acquérir l'image d'un expert dans son domaine.

En effet, commenter ce qui se dit ou s'écrit sur le web dans son domaine de compétence, permet de montrer à tout le monde qu'on connaît son sujet et qu'on est donc le plus à même d'apporter des solutions aux problèmes des gens.

Là encore, il faut être présent régulièrement et fournir des réponses ou des informations très pertinentes sous peine de tomber sur un véritable expert qui aura vite fait de vous décrédibiliser …

Dans les deux cas, il faut bien prendre conscience du fait que tout ceci prend du temps et ne fournit pas de résultat immédiat. Ce qui compte c'est bien d'être présent sur la durée. D'ailleurs, c'est cette longue présence sur le web qui est souvent une garantie de qualité.

Alors, comment bien gérer sa présence sur le web ?

Pour bien gérer sa présence sur le web il faut commencer par savoir à qui on veut s'adresser. En effet, selon la cible choisie, les moyens d'expression changeront.

Ensuite, il est très important d'apporter un contenu riche, original et régulier. Non seulement cela permettra d'acquérir une position d'expert dans son domaine mais en plus cela créera un lien fort avec sa communauté en l'habituant à venir voir ce qu'il y a de neuf très régulièrement.

Enfin, il faut savoir être patient : tout cela ne se fait pas en un jour et il faut être capable de tenir le rythme pendant plusieurs mois pour commencer à voir les résultats apparaître. D'ailleurs, cette persévérance peut être un véritable critère différenciant par rapport aux concurrents qui traitent cette présence sur le web à la légère.

X comme ... Xénophobie

***

Littéralement, la xénophobie est la « peur de l'étranger ». Par extension et du fait que très souvent la peur d'une chose se traduit par son rejet, la xénophobie est en fait considérée comme l'hostilité à ce qui est étranger.

Or, que ce soit dans le recrutement de nouvelles personnes dans l'entreprise ou tout simplement dans la démarche commerciale vers des clients qui sont a priori étrangers à l'entreprise, on comprend bien que l'entreprise est potentiellement confrontée à ce risque.

Pourtant, et sans faire de démagogie, cet « étranger » peut être source de richesse pour l'entreprise, dans tous les sens du terme ...

La Xénophobie pour l'entreprise qu'est ce que c'est ?

Concrètement la xénophobie, prise au sens littéral du terme peut signifier cette peur qu'a un chef d'entreprise de recruter des personnes atypiques parce qu'elles viennent d'horizons complètement différents de ceux d'où viennent les salariés actuels.

Mais cela peut également signifier que l'entreprise a peur des marchés qu'elle ne maîtrise pas a priori et qui sont très différents de ceux qu'elle maîtrise.

Dans tous les cas, cette peur initiale peut se traduire par un phénomène de rejet, justifié par plusieurs raisons non fondées, mais qui va conduire l'entreprise à rester dans sa zone de confort et à terme à ne pas pouvoir se développer pleinement ou à ne pas pouvoir réagir face à une crise.

Cas pratique

Il y a quelques années Karen Sobel Lojeski a défini une notion très intéressante qui s'appelle la Distance Virtuelle. Cette notion indique que ce qui relie les salariés d'une entreprise est la composante de plusieurs distances : la distance physique (espace, temps, relations), la distance opérationnelle (interactions, taille de l'équipe, multi-tâches, capacités techniques) et la distance d'affinité (culture, niveau social, historique).

Dans le cas qui nous intéresse, c'est la distance d'affinité qui compte car elle est elle-même composée de la distance culturelle, la distance sociale et l'historique relationnel. Ainsi, un étranger arrivant dans l'entreprise aura une distance culturelle qui pourra être forte avec le reste de ses collègues, mais la distance sociale (même niveau de formation, etc.) et l'historique relationnel pourront la compenser. L'objectif étant que la distance virtuelle qui existera entre ce nouvel arrivant et le reste de l'équipe soit la plus faible possible, tout le travail du dirigeant sera donc de minimiser cette distance pour que l'arrivée de l'étranger ne suscite pas de peur et donc de rejet.

Concernant le fait de chercher à développer son entreprise dans des domaines étrangers à ses marchés habituels est effectivement déroutant pour les salariés d'une entreprise. Au départ ils auront peur et ensuite, ils chercheront plus ou moins consciemment à justifier le fait qu'il y a un danger pour l'entreprise à aller vers ces marchés. En fait, ils ne veulent pas sortir de leur zone de confort …

Le travail du dirigeant sera donc de progresser par étapes en les validant les unes après les autres. Ce faisant il agrandira petit à petit la zone de confort des collaborateurs de l'entreprise et passera ainsi outre la crainte et le rejet que peuvent générer l'arrivée de l'entreprise dans un domaine qui lui était jusque-là totalement étranger.

Alors, comment la xénophobie dans l'entreprise ?

La xénophobie dans l'entreprise a donc deux composantes principales : celle qui concerne les personnes étrangères au groupe et celle qui concerne l'arrivée dans des secteurs jusque-là étrangers à l'entreprise.

Cette peur de l'étranger est donc une peur de l'inconnu qui se traduit spontanément par un rejet. Ce rejet est en fait la matérialisation de la peur de devoir sortir de sa zone de confort et de changer ses habitudes pour affronter une autre réalité.

Le travail du dirigeant de l'entreprise consiste donc à démontrer que non seulement cette peur n'a pas lieu d'être mais qu'elle peut au contraire être source de richesse à tous les niveaux : enrichissement culturel par apport de cultures différentes, découverte d'autres marchés et donc d'autres façons de travailler, création d'un groupe encore plus fort qu'auparavant car finalement capable de se remettre en cause et de s'ouvrir au monde.

Y comme … Génération Y

****

La Génération Y tire son nom d'un jeu de mot en anglais puisque le son « Y » se prononce « why » qui signifie aussi « pourquoi ». Ainsi cette génération est celle qui a tendance à demander pourquoi telle chose doit être faite alors que les générations précédentes avaient tendance (ou la réputation) d'exécuter les tâches sans se questionner sur leur utilité réelle, faisant a priori confiance à leur hiérarchie.

De plus cette nouvelle génération est la première dans l'histoire de l'humanité à mieux maîtriser les outils technologiques que la génération précédente ce qui change complètement les rapports inter-générationnels.

La Génération Y pour l'entreprise qu'est ce que c'est ?

La génération Y est cette génération formée par les personnes qui entrent actuellement sur le marché du travail ou qui y sont entrées il y a moins de 5 ans.

Ce sont des personnes nées avec internet et qui utilisent donc cet outil de manière parfaitement naturelle. Une des conséquences pratiques est qu'elles maîtrisent parfaitement les outils développés sur le web et s'en servent régulièrement, même si cela doit bousculer les façons de travailler ou d'évaluer le travail des générations précédentes.

Cas pratique

La difficulté de la génération Y est qu'elle coexiste dans l'entreprise avec les générations antérieures. Or, si on prend le cas des relations hiérarchiques on se rend compte que la maîtrise des outils de communication et l'état d'esprit qui va avec, qui consiste à échanger de manière horizontale de façon instantanée va à l'encontre d'une structure hiérarchisée ou les circuits de décision sont formalisés et verticaux.

Par exemple, le fait que dans une entreprise tout le monde ait une adresse email ou une connexion à l'intranet signifie pour un salarié de la génération Y qu'il peut donc échanger des informations avec n'importe qui dans l'entreprise et de manière instantanée. On comprend bien que cette représentation de l'entreprise soit sensiblement différente de celle qu'à un salarié plus âgé …

De même un salarié de la génération Y n'hésitera pas à demander à son supérieur hiérarchique de se justifier, par exemple, sur la nécessité de venir travailler le week-end pour finir un travail. Cela ne signifie pas qu'il ne veut pas le faire, cela signifie seulement qu'il a besoin d'être convaincu de la nécessité de le faire.

En d'autres termes, ce salarié ne considèrera pas qu'une chose doit être faite parce que son N+1 le lui aura dit, mais parce que cela sera nécessaire pour l'entreprise et que cela sera bien pour lui.

En revanche, une fois convaincu de la nécessité de faire telle chose, le salarié sera pleinement engagé et ne comptera pas ses heures.

Un autre exemple est l'engagement syndical. De nos jours, tout le monde sait que la présence des syndicats est très faible dans les PME mais ce qu'on sait sans doute moins c'est que les « combats » de ces syndicats ne concernent plus les salariés de la génération Y. Ils ont en effet tendance à considérer que les revendications de ces syndicats sont en complet décalage avec leurs aspirations.

Cela signifie qu'à terme les syndicats actuels vont disparaître pour laisser place à des mouvements défendant des valeurs qui ne seront pas seulement axées sur les conditions de travail mais qui concerneront également l'environnement par exemple.

Alors, comment bien gérer la génération Y ?

Les personnes issues de la génération Y ne sont pas plus difficiles à gérer que les autres. Elles demandent juste davantage d'attention car leurs demandes vont bien au-delà du cadre du travail.

De plus, ce sont des personnes qui, par les outils de communication apportés par la révolution numérique, sont davantage habituées à des relations horizontales que verticales. Il faut donc en tenir compte dans l'organisation de son entreprise.

Enfin, ce sont des personnes qui n'hésiteront pas à demander des justifications à leur supérieur sur la nécessité de réaliser une tâche donnée. Une réponse du type « parce que c'est comme ça » ne suffira pas. Mais le fait de se poser la question de la nécessité d'une action permet souvent d'aller beaucoup plus loin que si on s'était contenté de l'exécuter …

Z comme … Zéro Défaut

****

Le Zéro défaut est une notion industrielle qui indique qu'on doit tendre vers une production parfaite au sens où aucune pièce non conforme ne sortira de la chaîne de production.

Si on élargit cette notion à tous les process, cela signifie que le zéro défaut est un objectif conduisant à fournir des produits ou des services sans aucun défaut. Bref, que tout est parfait, que le logiciel ne plante jamais, que la réponse met exactement le temps prévu pour arriver, que les factures ne comportent jamais d'erreur, etc..

Et si on essaie maintenant d'appliquer cette notion aux hommes et femmes de l'entreprise et à une personne en particulier, son dirigeant ? Cela signifierait-il que le chef d'entreprise devrait tendre vers la perfection et l'infaillibilité ?

Le Zéro Défaut pour l'entreprise qu'est ce que c'est ?

Pour beaucoup de salariés, le dirigeant de l'entreprise doit être infaillible. Ou plus exactement, on attend de lui qu'il prenne les bonnes décisions et qu'il soit en même temps juste et généreux envers ses salariés et qu'il ait une capacité à motiver les personnes de l'entreprise en leur proposant une vision extraordinaire qui, évidemment, se réalisera.

Pourtant, ce surhomme est un concept car nul ne peut prétendre regrouper autant de qualités. A contrario, lorsque les choses se passent mal dans l'entreprise ou que les relations entre le dirigeant et sa base sont tendues, on critique aisément le chef d'entreprise en lui reprochant en de ne pas être comme il faudrait qu'il soit et on l'affuble de tous les défauts de la terre.

Alors comment faire pour, malgré tout, tendre vers ce zéro défaut lorsqu'on est chef d'entreprise ?

Cas pratique

La première chose à faire est de commencer par fluidifier les process internes de l'entreprise au maximum de sorte à renvoyer l'image d'un dirigeant maîtrisant parfaitement le fonctionnement de l'entreprise.

Le risque étant qu'en cas de problème les salariés se retournent vers le dirigeant, il faut que ce dernier ait donc prévu cette éventualité. Il y a généralement deux solutions à cela : le faire soi-même ou le faire faire par une autre personne qui en est capable. Le fait de mettre en place plusieurs niveaux de délégation permet d'éviter d'être le goulot d'étranglement (et donc à terme de créer du mécontentement) tout en offrant la possibilité à chacun d'être valorisé.

Ensuite, il est nécessaire d'être à l'écoute des salariés. Mais écouter ne signifie pas entendre. En d'autres termes, cela signifie réellement prendre en compte ce qui est dit par le salarié et y répondre. La réponse négative doit être argumentée (« non, il n'est pas possible de vous donner cette formation maintenant car elle est prévue dans 6 mois ») et la réponse positive doit être suivie des faits ...

Enfin, il faut savoir communiquer sur l'entreprise avec ses salariés dans les bons et les mauvais moments. Il ne sert à rien de cacher les mauvaises nouvelles, il faut plutôt s'appuyer sur elles pour tenter de trouver collectivement des solutions. Outre que cela permet de constituer un véritable esprit d'équipe, cela peut permettre de trouver des solutions originales.

Alors, comment mettre en oeuvre le zéro défaut ?

Bien entendu la perfection n'est pas de ce monde, mais on peut toujours tenter de s'en approcher. Comme le disent les philosophes, le résultat compte moins que le chemin pour y parvenir.

La première chose à faire est donc de bien connaître son entreprise et les personnes qui la constituent : leur histoire, leurs relations, leurs forces et faiblesses, etc..

Ensuite, il faut écouter les salariés. Au-delà des demandes parfois basiques il faut savoir écouter leurs interrogations profondes.

Enfin, il faut savoir agir avec justice et fermeté et savoir reconnaître ses erreurs lorsqu'on en a fait et savoir communiquer sur ses succès.

Ainsi, l'image que les salariés auront de leur dirigeant sera positive et même si certains sont d'irréductibles râleurs, la très large majorité considèrera qu'il n'a aucun défaut … Il ne suffira plus ensuite que de servir de modèle pour l'ensemble de l'entreprise pour que chacun ait ces qualités et que ce soit l'entreprise qui n'ait aucun défaut !

Z comme ... Génération Z

***

La Génération Z est celle qui succède à la Génération Y. Même si les sources diffèrent, ce sont, en gros, les personnes nées entre 1995 et 2000. Autrement dit, ce sont ces personnes qui sont nées avec Google et qui ont grandi avec Facebook, Snapchat, Amazon, etc..

Ces personnes ont donc baigné dans la technologie depuis leur plus tendre enfance et ont parfaitement intégré les apports de celle-ci.

En termes de rapport au travail, les personnes de la Génération Z sont encore plus en quête de sens que leurs prédécesseurs et s'engagent volontiers dans des projets vertueux, qui protègent l'environnement ou qui permettent l'inclusion de tous.

La Génération Z pour l'entreprise qu'est ce que c'est ?

Pour l'entreprise, la Génération Z est la jeune génération qui vient de sortir de l'école et qui a généralement son premier emploi. Les personnes issues de cette génération sont donc pleines d'énergie et d'idées neuves, ce qui est une force pour l'entreprise qui les emploie.

En revanche, comme il s'agit d'une génération ayant grandi dans le numérique, qui maîtrise généralement très bien les outils de cette nature et qui a toujours en tête la volonté de protéger la planète et d'être la plus inclusive possible, elle peut poser des difficultés en termes de management.

C'est donc une chance pour l'entreprise, mais qui est accompagnée de contraintes fortes.

Cas pratique

Lorsqu'une personne issue de cette génération arrive dans l'entreprise, et a fortiori si c'est la première fois qu'une telle personne arrive, il y a fort à parier qu'il soit nécessaire de s'adapter.

La première chose à faire est de comprendre que les ambitions de ces personnes sont différentes de celles des personnes des générations précédentes. Son souhait n'est pas de travailler 35 ans dans l'entreprise, de cotiser pour sa retraite et de faire toute sa carrière dans la même entreprise.

Il s'agit donc de savoir avec elle (car la notion d'échange entre le salarié et la direction est fondamentale dans le cas de la Génération Z) ce qu'elle attend de sa mission et de son travail.

Ces échanges, qui devront être réguliers, permettront à l'entreprise de changer et de s'adapter à ce nouveau monde qui est en train d'émerger. En effet, le monde change en permanence, et le fait d'accueillir dans l'entreprise une ou des personnes qui comprennent cela et qui ont les clefs pour y parvenir, est une véritable opportunité à saisir.

En ce qui concerne les autres salariés, qui peuvent être issus de générations antérieures, c'est également une chance pour eux de progresser et d'apprendre de nouveaux outils et de nouvelles façons de vivre au sein de l'entreprise.

Dans tous les cas, l'arrivée de cette jeune génération dans l'entreprise est une opportunité importante pour cette dernière de progresser et de repenser sa façon de manager, de produire ou de vendre.

Alors, comment bien gérer la Génération Z ?

Les personnes issues de la Génération Z sont encore plus en quête de sens que leurs prédécesseurs et sont surtout très sensibles à des notions comme la bienveillance ou l'écoute.

Il faut donc l'écouter, échanger avec elle, comprendre ses motivations et tenter, au mieux, d'adapter le fonctionnement de l'entreprise à ses attentes.

En effet, on pourrait considérer que c'est aux nouveaux entrants de s'adapter aux règles et aux fonctionnements de l'entreprise, mais cela ne marchera pas car les personnes issues de la Génération Z sont trop imprégnées de ces nouvelles valeurs qu'elles ne pourront pas changer.

De plus, cela permettra à l'entreprise d'évoluer et de coller davantage à son marché car, il ne faut pas l'oublier, son marché sera également composé, de plus en plus, de personnes issues de cette génération …

www.ingramcontent.com/pod-product-compliance
Lightning Source LLC
Chambersburg PA
CBHW050722260726
48661CB00001B/31